The Origin of Aid
The Trajectory of a Social Worker

援助の原点
あるソーシャルワーカーの軌跡

吉岡 隆
Takashi Yoshioka

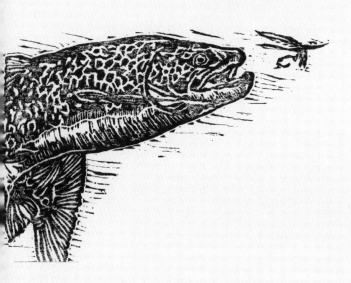

中央法規

推 薦

　ある日，著者の吉岡隆氏から推薦文依頼のメールが届いた。普通，推薦文というと，その書籍が扱っている分野を代表する大御所の先生か，マスコミなどで世に名の知られた有名人が書くもの，と考えていたので，初めにそのメールを目にしたときは，なぜ私なのだろうと不思議に思った。若輩者の自分には荷が重すぎます，と言って断るべきだろうか，しかし断るのも失礼に当たるかもしれない，などと自意識過剰気味に少し迷いもした。

　もちろん，この文章を書いているのだから，結局はお引き受けしたのだが，それは吉岡氏なりの何らかの理由があるから依頼が来たのだろう，とそれ以上あれこれと考えることをやめたからである。とりあえず原稿をいただいて読んでみようと思った。

　タイトルからして自伝なのだろうとは予想していた。前半，幼少期から大学，そして大学院を経て，卒後精神科病院に就職するまでは，心象風景が赤裸々に，しかしあまり感傷的にならずに語られている。しかし就職後からの後半は，時系列で職歴が記載されていくのかと思いきや，ところどころ映画の回想シーンのように，クライエントとの関わりのエピソードが挟み込まれ，当時の思いや考えがエッセーのように散りばめられていく。

　そして後半に至って読者は気づくのである。本書は単なる自伝なのではなく，著者が援助職になった時系列としての「原点」を自らの半生に求めつつ，援助に関わる者なら誰もが，どの場面でもそこから出発しなければならない思想としての「原点」を訴える書なのだということを。

2022年8月

神奈川県立精神医療センター副院長

小林桜児

目 次

はじめに

メスが大きく口を開けて産卵の合図

　この本の誕生秘話から始めよう。

　ぼくもだいぶ年を重ねたので，最後のカーテンを下ろす日はそう遠くないかもしれない。もし自分の手もとに多少の金が残ったら，それを何に使えばいいのだろう。そんなことを考えていると２人の男性の行動を知った。

　一人は元外務官僚だった岡本行夫さんだ。彼は「沖縄の痛み」に寄り添える珍しい官僚だったという。その情熱と人情に惚れ込んだ沖縄県伊江村は，彼を「名誉村民」にした。2002年２月，岡本さんは村の小・中学校を回り，子どもたちに「岡本文庫」の目録を渡した。しかしその彼は新型コロナウイルスに感染し，2020年に74歳で亡くなってしまった。

　もう一人は切れ味鋭い一本背負投で，「平成の三四郎」とも呼ばれた柔道家の古賀稔彦さんだ。彼はバルセロナ・オリンピックで金メダルに輝いたが，畳や柔道衣を買えない子どもたちにそれを贈っている。しかしその彼も2021年３月24日に，癌のため亡くなった。63歳という若さだった。

　買った本なら読むが，ただで貰った本はなかなか読まないものだ。しかし図書館に行けば読みたいとき，いつでも読むことができる。そう思ってぼくも数年前に，自分が編著をした依存症関係の本を何冊か地元の公立図書館に寄贈すると，後日礼状をいただいた。

　では日本全国に公立図書館はどれくらいあるのだろう。調べてみると，3000館あまりあった。

　これまでにぼくが編集や執筆したものは中央法規出版から７冊，明石書店から１冊ある。８冊すべてを全国の図書館に贈るとしたら本の代金だけで相当な額になる。それに送料もかかる。もちろん相手の図書館がそれを受け取るかどうかの確認も必要だ。税理士には「生前贈与だと税金は控除されるが，死亡後だと相続財産からの控除（非課税）になる可能性がある。送られてきたものが寄付金控除に該当するかどうかは，寄贈された側の判

断による」と言われた。

　ところがある人から「10年以上も前に出した本だと図書館は受け取らない」と言われたのだ。8冊のうち10年以上前の本は5冊あり、そのうちの4冊は20年も前に出したものだった。振り出しに戻らざるを得なくなった。

　ぼくに単著がないのは、一冊の本を書くだけの力がなかったからだ。しかしこれまでは共著だったので、本を作る協働の楽しみを味わうことができた。

　1968年から始めたぼくの相談活動はすでに50年を越えたが、現在も続けている。自分が話してきたことや、書いてきたものを集めれば、一冊の本が出来上がるかもしれない。ぼくの経験が誰かの役に立つのなら嬉しいことだ。そう思ったら、記録していたものや記憶が次々に出てきた。相談室を始める前はその準備のために、いつ寝たのか、いつ起きたのか分からない生活状態だった。今回もそのときと同じような状態になった。軽躁状態がぼくを動かしたのかもしれない。では、集大成になるこの本にはどのような題名がふさわしいのだろう。

　学生時代、ある日の臨床心理学の授業で、教授が黒板にフランス語で書いた症状をぼくに質問した。「これは何と読むのか」「ペティット・マールです」。ぼくが小さな声でそう答えると、女子学生たちは、くすくす笑った。「馬鹿者！　プチ・マール（小発作）だ」と怒鳴られた。授業では、ドイツ語やフランス語で病名や症状名を覚えなければならなかった。疾病観は人間観に繋がるものなので、心の病になった人をどのように理解すればいいのかということのほうにぼくの関心はあった。

　授業では「自己開示」とか「自己覚知」「自己実現」「自己洞察」といった自己理解に関係する言葉がときどき出てきた。ぼくはそうした言葉に惹かれ、その深い意味を知りたかった。ぼくの記憶違いかもしれないが、先生自身から「自己開示」を聴いた覚えはない。この本の中でも書いたことだが、自分を理解していなければ援助の仕事はできない。ぼくは「やり残した宿題」を抱えたままここまで歩いてきたが、その宿題をいくらかここで終えることができただろうか。

70代のうちにやりとげたいことがぼくには2つある。ひとつは自分の物語を書きあげることで，もうひとつは柔道四段になることだ。

あれも臨床心理学の授業だったかもしれない。その授業が終わるとき，教授があらたまった口調でこう言った。「皆さんは一人でもいいですから，クライエントを助けてあげてください」。当時臨床心理学は，「お嬢さん芸」などと揶揄されていたし，そう言われても，ぼくには遠い世界のことのようにしか思えなかった。

卒論のテーマも決められず迷っていると，その教授から卒論の実習先としてある病院を紹介された。その病院には，全国から学齢前の子どもたちが150人ほど入院していたが，病名は皆脳性小児麻痺で，その多くは身体障害だけでなく重い知的障害も併せ持っていた。重症心身障害児と呼ばれ，酸素テントの中で眠っている子どものベッドの前で，ぼくにはいったい何ができるのだろうと立ち尽くしてしまった。大学院1年生のときに正規採用されたが，数か月でぼくはその病院を辞めた。臨床活動の入り口でつまずいたのだ。

それまでぼくは，動機があって物事は始めるものだと思っていた。しかし，ダルク（薬物依存症のリハビリテーション施設）の創設者から「動機は後からついてくるものだ」と言われ，そういう考え方もあるのかと思った。彼は覚せい剤依存症から回復してきた人で，後にぼくは依存症の回復プログラムを彼から教えてもらうことになる。そのプログラムを学んで気づいたことのひとつは，ぼくの「アル中嫌い」は回復者を知らないためにおきたものだということだった。

数ある職業の中からぼくが「ソーシャルワーカー」という職業を選んだことには，当然ながら自分の生育史や原家族との関係が絡んでいる。それらを一つひとつ丁寧に紐解いていけば，ぼくにとって「援助とは何か」が見えてくるかもしれない。自分の人生が最終ステージに入った今，もう一度ここでその原点を深く探ってみることは価値がありそうだ。そう思ってこの本の題名は『援助の原点』に，副題は「あるソーシャルワーカーの軌跡」にした。そしてこの本と，以前出版した『共依存』をセットにして，全国の公立図書館へ寄贈する計画を立てた。

誕生から幼少期0~6歳
（1946.2~1952.3）

アブラビレが付いたサケ，マスの仲間

「命拾い」の人生がスタート

　ぼくは太平洋戦争が終わった翌年の2月，埼玉県浦和市（現在のさいたま市）で生まれた。初重は850匁（3187.5g）。臍帯が首に絡んではいなかったが，仮死状態だった。取り上げた産婆（助産婦）が，ぼくの両足を持って逆さにし，お尻をペンペンと叩くと小さな産声をあげたそうだ。初歩も初語も1歳で発育はふつう。生後6か月までは父親が勤めていた製作所の寮や，山梨県にある母親の実家などで生活していた。

　7か月のときに今でいうシェアハウスだが，ある家に間借り。片方の8畳で父方叔父と祖母が，もう片方の8畳でぼくたち親子3人が暮らしていた。まだ這い這いしていたころだったのだろう，その2階の手摺からすり抜けたぼくは，1階のトタン屋根の上を転がっていった。たまたま雨どいに引っかかって助かったが，あやうく地面に落下するところだった。3歳のときに父方祖母が亡くなり，父親は古本屋から骨董品店に職を変えた。

　このころは隣の犬にお尻を2回も噛まれたり，遊動円木から振り落とされて頭部に裂傷を負い，生まれた病院で手術を受けたりした。疫痢にかかって伝染病院に4週間隔離されたときは，「輪タク」と呼ばれる乗り物で父親に抱えられながらその病院へ向かった。診察用の硬いベッドに寝かされたが震えが止まらず，「落ちちゃう落ちちゃう」と，ぼくは叫んでいた。経済的に苦しかったので，高価な薬（クロロマイセチン）を使ってもらうことに父親はかなり迷ったようだ。でもそのおかげで命を救われた。

「その足を切ってもらおうか」

　病弱だったため，学齢前に小児科の病気はひととおりやったという。夜

になると太ももを獣に噛まれるような痛みに襲われて，ぼくはよく泣いていた。幼児が泣いていれば母親は眠れない。若かった母親はある晩，「そんなに痛いのならその足を切ってもらおうか」と言ったのだ。その言葉のほうがはるかに痛かった。ぼくは愛着につまずいた。その痛みがいつから消えたのかは覚えていないが，この人に助けを求めても駄目だと直感したようだ。似た体験はこの後にも続き，基本的信頼関係を築けなかった。

　次に間借りした家では，3家族が同じ屋根の下で生活していた。家主のほかに2階では別な家族が住んでおり，ぼくたち家族は1階に住んでいたからだ。

人間関係は対等・平等・公平

　このころぼくは頭に大きな怪我をしたことがあった。一人で遊動円木に乗って遊んでいると，近所に住む年上の男の子がやってきて，それを強く漕ぎ出した。ぼくが怖がれば怖がるほど彼は強く漕いだ。とうとうぼくは掴まっていられなくなり，遊動円木から落ちてしまった。ぼくの体はその下に転がり込み，頭を上げるとその厚い鉄板の角がぼくの頭を直撃した。再び頭を上げると同じことがもう一度起きた。たまたまそこを通りかかったKさんが目撃し，ぼくを救出して家まで運んでくれた。ぼくを抱きかかえていたそのお兄さんの白いシャツが，真っ赤な血で染まっているのを見て，母親は初めてことの重大さに気がついた。ぼくは近くの病院に運ばれ，そこですぐに裂傷した頭部の縫合手術を受けた。そこはぼくが生まれた病院だった。13針くらい縫ったと思うが，その傷跡は今でも残っている。

　ある日ぼくは，数人の子どもたちと近所の幼稚園に行き，滑り台に乗っていた。すると中から出てきた先生に大声で怒られた。その滑り台は靴を脱ぐルールだったのだ。あまりの剣幕に驚いたぼくは幼稚園には行かないことにした。早生まれで集団生活の経験が不足したまま，ぼくは小学校にあがることになった。

　隣の家には同い年のMがいて，ぼくは彼にとって格好のイジメの対象にされた。それは「強者の論理」に疑問を感じた最初の体験だった。人間関係は対等で平等で公平であるはずだという思いがどこかにあったのだろ

う。そのイジメは次に転居するまで続いた。彼はある日花火の火薬を集めて事故を起こし、顔面に大火傷を負った。顔中包帯だらけの彼を見た警察官は「これからも悪いことをしたら、おまえはこの火傷跡ですぐに捕まってしまうからな」と言ったという。

　このように幼少期には、蘇生術を受けたり、落下を防いでくれた雨どいがあったり、遊動円木の下から救出されたり、疫痢から回復するなど「身体的な命拾い」が多かった。この後、思春期から青年期にかけては、自分とのセックスが鎮痛・麻酔薬となったり、テニスで自己信頼を得られるようになったり、補欠で大学に合格するなど「精神的な命拾い」の時代だった。そして成人してからは、大学に戻ったこともそうだが性依存症や共依存症が「自己治療」となって命を救われた。それらは「霊的な命拾い」と呼べるかもしれない。

小学校時代6~12歳
(1952.4~1958.3)

澄んだ川の中を鱒が元気に泳いでいる

代理親

　ぼくが入学した小学校では，当時2部授業が行われていたので児童数は2倍だった。10月になると新設の小学校に移ったが，赤土の校庭を整備するためのトロッコがまだ走っていた。12月，ぼくが生まれてから4度目に引っ越した先は借家で，二軒長屋だった。庭にはイチジクの木があったので，その実を食べたり木に登ったりして遊んだ。ぼくの興味をひいたのは，木に穴をあけてそこから出たり入ったりするキボシカミキリだった。

　ある日父親が八重桜と柿の木をどこからか手に入れてきた。5月になるとその八童桜が満開になり，落ちた花びらで庭が薄桃色の絨毯のようになった。柿は渋柿だったが毎年大きな実をたくさんつけた。その柿のへたに焼酎を吹きかけると甘くなることを教えてくれた人がいた。前の家に住んでいたころから隣に住んでいた織田弘吉・艶子夫婦との関係は良かったが，さらにその関係が深まっていった。ぼくにとっては「代理親」のような存在だった。

　小学校1・2の担任は浅川年重という名前の若い女性の先生だった。ぼくはあるときその先生を「おかあちゃん」と呼んだことがあったらしい。ふっくらした顔立ちは棟方志功の版画にでてくるような優しい印象を与えた。その先生は家庭訪問のお土産に，ぼくの知能検査の結果を持ってきた。それを見れば両親が喜ぶと思ったからだろう。ところが先生が帰ると「知能検査の結果がいいのに成績が悪いのは，お前の努力が足りないということだ」と父親は言った。以来「勉強しろ」が父親の口癖になった。

　ぼくは今でもそうだが，夏の暑さよりも冬の寒さのほうにめっぽう弱い。当時の教室にはダルマストーブが一つあるだけだった。ある日，教室で震

えていると先生が「用務員室に行っていいよ」とぼくに言った。用務員室にはいつも熱湯が沸いている釜があり，その下には大きな竈があった。優しい用務員さんはその竈のそばにぼくを座らせ，暖をとらせてくれた。友達が暖かい耳当てをしているのを見て「ぼくにも買ってほしい」と父親に頼んだが，簡単に却下された。

朝礼・貧血・保健室

　小学校にあがる前までは病弱だったが，学校給食のお陰もあって6年間で欠席したのは肺炎で休んだ2週間だけだった。皆勤賞で貰った5枚の賞状は健康に対するぼくの小さな成功体験になった。大きな怪我と言えば，教室の机を並べた「お楽しみ会」の舞台から滑り落ち，前歯を2本折ってしまったことだ。床に倒れたぼくの目の前に三角形に割れた歯が2つ転がった。すぐに歯科医院に連れて行ってもらったが，神経が出ていてひどく痛かったのを覚えている。

　毎週月曜日の朝は全校生徒が校庭に集まり，校長先生の話を聞く朝礼があった。ぼくは急に視界が狭くなり，その場に立っていられなくなった。貧血症状が出ると，先生から「保健室に行きなさい」と言われ，ぼくは保健室に行った。硬いベッドの上で天井を見ながら，「ぼくが校長先生になったら，朝礼なんて絶対にやらないぞ」といつも思っていた。給食は美味しかったが，肝油ドロップと脱脂粉乳の味は好きになれなかった。

　学校行事で一番嫌だったのは運動会だった。魚釣り競技では予行演習でも本番でも一番になった。運動会で一度だけ貰った赤いリボンは大事な記念品だった。しかし大事にしまいすぎて，いつの間にかその場所を忘れてしまった。徒競走はいつもビリだったので，ぼくにとって運動会は「衆目の集まる場で自分の恥をさらす場」でしかなかった。だから前夜は「明日の運動会は雨で中止になりますように」と毎年祈ったが，祈りがかなえられることはなかった。

初恋

　初恋は小学校2年生のときだった。委員会活動ではTさんと学芸委員を

一緒にやるのが楽しみだった。ところが高学年になると，彼女は病気で学校をときどき休むようになった。彼女の家はぼくの家と近かったので，給食に出たコッペパンを届けるのがぼくの役目になった。それは嬉しかったが，彼女の家の前で名前を呼ぶと，反対側に住む年上の男の子が出てきてぼくを冷やかした。本当は続けたかったのだがそんなことが続くので，ぼくはその役目から降りてしまった。

　ぼくは彼女と同じ中学校にゆくものと，てっきり思っていたのだが，彼女はいつの間にかどこかに引っ越してしまい，住所が分からなくなってしまった。彼女と一緒に写っている写真は，遠足で横浜港に行ったときの集合写真だけだ。ぼくは自分の正直な気持ちを相手に伝え切るのが下手で，それは夢の中でも同じだった。ぼくが告白しようとすると，彼女は席を立って行く。だからいつも悔やんで目を覚ますのだった。「悪い結果」を恐れていたのかもしれない。

　少年たちの世界では勉強ができるか，スポーツができるかすれば，自分の居場所を見つけられる。ぼくは勉強はふつうだったが，スポーツはふつう以下だったので，仲間外れにされることが多かった。どんなスポーツでもいいから「人並み」になりたい。それがぼくのささやかな願いだった。同じクラスには「運動神経が鈍い」という折り紙付きの女の子がいた。その彼女が体育の授業で跳び箱を跳べても，ぼくは最後まで跳べなかった。

イジメの連鎖

　小学校でもたびたびイジメを受けていた。そのころ「強者の論理」という言葉は知らなかったが，「理不尽だ」という思いはいつもあった。同級生からイジメられた苦い記憶は今でも残っている。遊びでやっている野球なのに，ぼくが打つ番になると「ピンチヒッター！」と言われ，打たせてもらえなかった。学校の裏にはアオダイショウが住んでいる大きなドブ川があった。あるとき「その川を飛び越えれば仲間に入れてやる」と，言われた。

　ぼくは必死になって飛び越えようとした。しかしあと少しのところで川に落ち，両足はヘドロにはまった。ドブ泥からやっとの思いで足を引き抜

くと，片方のズックは見つかったが，もう片方はどうしても見つけられず，汚れた片方の靴だけ履いて家まで帰ってきた。

中学年になると算盤塾（そろばんじゅく）に通い始めた。授業が始まるので教室に入り，算盤ケースを開けると中央部の珠が切り取られていたこともあった。塾の先生がこの事件をどう扱ったのかは覚えていない。

イジメの首謀者はいつも2人で，あとは取り巻きだった。6年生のある日，堪忍袋の緒が切れたぼくはその1人に猛然と向かっていった。相手は全く予期していなかったのだろう。ぼくの勢いに気圧（けお）されてしまった。それ以降，彼からのイジメはなくなった。

イジメの被害体験はたくさんあったが，実はイジメの加害体験もぼくにはある。イジメられて嫌だったのに，ぼくよりも弱い男の子や女の子に言葉の暴力をたびたび振るっていたのだ。

長い間ぼくはイジメの被害者だとばかり思っていたが，それは被害体験が反転して加害体験になったものだった。やられて嫌だったのなら，やりかえすことも，的外れなことをすることも，別の子をイジメることもしなければいいのに，ぼくにはそれができなかった。依存症が世代連鎖することを知ると，イジメも連鎖するのではないかと考えた。つまりぼくをイジメていた彼らも，誰かにイジメられていたのではないかということだ。

両親は強い学歴コンプレックス

両親はぼくが小学校にあがると，絵画教室，家庭教師，習字，算盤……とぼくの教育に異常なほど熱をあげていった。その理由は二人とも高等小学校しか出ていないことに，強いコンプレックスを持っていたからだった。

父親は優秀だったらしく，担任が家まで来て「上の学校に行かせてあげてください」と祖父に頼んだことまであったようだ。しかし祖父は弟のほうをかわいがっていたので，担任の意見を取り上げようとはしなかった。「学がない」も父親の口癖だった。自分の子どもは上の学校に行かせてあげたい。それは父親の純粋な気持ちだったのだろう。

しかしぼくは物覚えが遅く，物忘れは早い。だから一つのことが身につくのに時間がかかる。でも時間をかければしっかり身につくのだ。父親が

見落としたのは，そうしたぼくの特性だった。ぼくの成績は父親が考えるようにはならなかったので，なんでこんなことができないのかといつももどかしく思っていたようだ。ぼくが希望したかではなく，父親の希望がいつも優先されていた。

　学校に持って行く給食費や教材費のお札(さつ)に母親はいつもアイロンをかけていたので，先生から「君のお父さんは銀行員か」と聞かれたことがあった。両親にとって学校や先生は特別な存在だった。学校の先生を神様のように思っていたので，その神様が間違えることなど考えられなかった。だから先生の話は信じても，ぼくの話を信じないことがたくさんあった。アイロンをかけてぼくに持たせたお札は，「お供え(そな)」のように思っていたのかもしれない。

　ぼくはスポンサーから「人間には間違える権利がある」と言われて驚いた。AAの書籍にも確かにそう書かれている。しかしぼくの父親は完全主義者だったので，ぼくが間違えることを許さなかった。間違えから学ぶ義務があるのはもちろんのことだ。

　4年生のころの苦い思い出も勉強に関することだった。音楽のテストがあったのだが，ぼくはまるで分からなかった。もし0点でもとってしまったら，あの父親からどんなに怒られるだろうと怖かった。ぼくは隣の席のMさんの答えを盗み見て，自分の答案用紙にそれを書き入れた。人生でたった一度のカンニングだった。それで0点は免れたが18点だった。家に帰ったとき，隠し切れずにその答案用紙を見せると，父親は案の定ものすごい勢いで怒ったのだった。

確定診断

　父親がぼくに対して大きな不満だったことは二つあった。一つはぼくの成績が父親の望むようなものにならないことで，もう一つはぼくが父親に甘えないことだった。父親はこんな作話じみた話をぼくにしたことがある。ある村に「親孝行だ」と評判の男が住んでいた。いったいどん男なのだろうと思った人が，こっそり垣根から庭先を覗いてみた。すると縁側に腰掛けた男は，足元のたらいに両足を入れて腕を組み，年老いた両親にその足

を洗わせていたという。「親というのはこのように子どもから甘えられるのが嬉しいのだ」そう父親は言った。

　ぼくの家の中の空気はいつも張り詰めていた。父親は怒ると，数日どころか1週間，いや1か月も口をきかなくなるからだった。それでも父親は怒る自分を抑えようとしていたのだろうか，怒りながら体を小さく震わせていた。子どものぼくはいつ爆発するかとハラハラしていた。そんな相手に甘えられるわけがない。AAの世界大会でアメリカに行ったとき仲間が「レイジホーリク（怒り依存症）という病気もあるんだよ」と教えてくれた。怒りで社会生活が破綻する病気，父親の病気はまさにそれだった。

　3,4年生のころだったと思う。兄弟がいる友達がうらやましかったので，勇気をふり絞って「ぼくにも兄弟がほしい」と父親に言ったことがあった。すると父親は「おまえのような馬鹿は一人でいい」と言ったのだ。それはぼくに対する確定診断だった。日ごろからぼくは「勉強ができない」「手先が不器用」「要領が悪い」「運動神経が鈍い」「気が弱い」「小心者」「間抜けの三寸」などと言われていたが，さすがにその言葉はぼくの心に深く突き刺さった。

　テレビドラマを見ているときは「あんな人がお父さんだったらよかったのに」とか，「こんな人がお母さんだったらよかったのに」とぼくは思っていたし，不倫したときは「この人こそ自分が出会うべき人だったのだ」と思った。

　現実と空想の間を彷徨し，自分の側に問題があることなどまるで考えてはいなかったのだ。でも外面がいい両親のほうは，ぼくがこんな風に思っているとは全く考えてはいなかっただろう。

　小学校時代は母親が編み機でいろいろなセーターを編むと，それをぼくに着せた。そのセーターを見た女の子たちからは「七面鳥」という渾名をつけられた。それよりも嫌だった渾名がある。それは「女好き」だった。あのころは男性よりも女性のほうが怖くないと思っていたのだろう。しかし，成長するにしたがってその考えは逆転したり，修正せざるを得なくなったりした。女性にも攻撃的な人はいるし，男性にも優しい人がいることが分かったからだった。

中学校時代12~15歳
(1958.4~1961.3)

その泳ぎは矢のように速く力強い

サバイバル・スキル

　中学校時代最大の出来事は，鎮痛・麻酔薬を発見したことだ。学校ではイジメられ，家では「勉強しろ！」と４つの目で監視される生活にぼくは窒息しそうだった。そんなとき，友達から「自分とのセックス」のやり方を教わった。それはマスターベーションのことだが，やり方を覚えるとぼくは毎日やるようにやり，ときには１日に何回もやった。

　「こんないいものがあったのか……」

　そうぼくは思った。それはいつも身近にあるクスリだった。

　空想しながらそれをやると嫌なことを忘れられたし，よく眠れたので睡眠薬代わりにもなった。「自分とのセックス」は性依存症の相互援助グループに繋がっても，１年８か月やめようとしなかった。これは誰も傷つけないし，そこまでストイックになる必要はないと思ったからだった。このクスリがあったからこそ，ぼくは生き延びることができたのだ。考えてみれば，アルコールやギャンブルを手に入れるには時間も金もかかるが，性ならいつでも手に入る。

　後に回復したアルコール依存症者が「酒を取り上げられたら，俺は死んでしまうと思っていた」と語っていたり，「パチンコを取り上げられたら，俺は死んでしまうと思っていた」と語るギャンブル依存症者の話を聞いて，自分も同じだと思った。不倫をしていたころのぼくは，「この女性を取り上げられたら，自分は死んでしまう」と本気で思っていたからだ。依存症はサバイバル・スキルでもあるのだが，手放さなければ死んでしまう。

事後承諾作戦

　中学校に入学すると「みんなどこかのクラブに入るんですよ」と担任が言った。いろいろなクラブを見学して，これなら自分にもできるかもしれないと思って入ったのが，軟式テニス部だった。家に帰ってその話をすると，「これからU高校を目指して一生懸命勉強しなければいけないのに，何を考えているんだ！」と父親はまた烈火のごとく怒った。「先生がクラブに入れって言ったんだよ」と言っても，「先生がそんなことを言うわけがない」とさらに大きな声で否定した。

　なぜぼくの言うことを信じてくれないのかと，ぼくは悲しい気持ちになった。そしてこの親に相談しても無駄だと思ったぼくは，「事後承諾作戦」を取ることにした。先にやってしまったほうが勝ちだと思ったからだった。作戦そのものは成功したが，大きな落とし物もあった。それは，いつ，どこで，誰に，何を相談すればよいのかを学べなかったことだ。試合に出してもらえなかったが，桜の木の下で素振りを続けながらぼくは3年間軟式テニス部にいた。

　ぼくが入学した公立中学校は，自宅から徒歩30分もかかる距離にあった。そこは県内の有名高校を目指す予備校のような中学校で，越境入学する子もいたし，3年生になると毎日のようにテストがあった。担任は女子生徒が掃除をサボっても何も言えない先生だった。男子生徒数人でテストをボイコットする話になった。ぼくも同じ不満を持っていたので，その仲間に加わり解答用紙は白紙で出した。

　しかしあるとき，それを続けているのは自分だけだと気づいた。ぼくは抜け駆けされていたのだ。担任はぼくに「校長室の前に立っていなさい」と言った。ぼくは担任以外には反抗しなかったので，職員室に戻ってくる先生たちは「どうしたんだ？」とぼくに声をかけてきた。「○○先生がここに立っていろと言うので，立っているんです」と，ふてくされた表情でぼくは答えた。先生たちは皆不思議そうな顔をしながらぼくの前を通り過ぎて行った。

　ぼくは適当な時間になると家へ帰ったが，親にこのことは黙っていた。担任がボイコットした意味を聞いてくれたら，ぼくは「先生のしているこ

とは対等・平等・公平の精神に反するからです」と答えたかもしれないが，聞かれることはなかった。

　振り返ると，ぼくの中で「対等・平等・公平」がはっきり意識化されたのは，この「ボイコット事件」だったのかもしれない。家庭内でも外の世界でも，この意識はぼくの心の深層部で脈々と続いてゆくことになる。

　それから十数年後，ぼくは大学や看護学校で教育にも携わるようになったが，「教材」はどこにでもあるものだということを痛感した。準備した「教材」よりも，授業中に起きた生（なま）の「教材」のほうがはるかにいいと思うことがたびたびあったからだ。せっかくの「教材」を担任が上手に使ってくれなかったことは，今でも残念に思っている。中学校は３年間皆出席だったが，依存と自立の狭間で苦悩する時代だった。

高校時代15~18歳

(1961.4~1964.3)

"A River Runs Through It"

公立高校の受験に落ちる

　公立高校の合格発表の朝，ぼくは初恋の人の姿を見つけた。貼り出されてゆく合格者の名前の中に彼女の名前を見つけたが，何度探してもぼくの名前はなかった。こんなことならもっと一生懸命勉強しておけばよかったと思ったが，後の祭りだった。「校長室の前で立っていろ」と言ったあの担任は「発表を見たら学校に戻って来るように」と言ったが，なんて無神経なやつなんだとぼくは思った。落ちた人間が，喜んでいる輪の中に戻れるわけがない。

　入学案内書に「硬式テニス部がある」と書いてある都内の二つの私立高校に，ぼくは願書を出した。そこが滑り止めだった。ところが高校の名前が似ていたので，それぞれの願書を反対の高校に出してしまい，慌てて交換しにゆくというヘマをやってしまった。両方の高校に合格したが，ぼくは海城高校に行くことにした。中学時代は不完全燃焼だったので，高校は新たな気持ちで頑張ろうとぼくは思った。同じ中学からその高校に入学したのはぼくだけだった。それが「変身」するチャンスになった。

　小・中学校は共学だったが，高校が男子校になったとき，それまでのしがらみが取れてすっきりしたのを覚えている。男子校では毎日喧嘩が絶えないのではないかと恐れていたが，喧嘩はめったになかった。それどころか同級生や先輩や先生たちが皆男性だったのに，安心して高校時代を過ごせたのだ。こうしてぼくの男性や女性に対するイメージは，原家族の影響を受けながらも，また少しずつ変わっていった。

自己信頼

　入部した硬式テニス部は2年前にできたばかりの新しいクラブだった。3年生が1人と2年生が5〜6人で，ぼくたち1年生が十数人そこに加わった。中学時代は先輩・後輩という人間関係に混乱したが，このクラブの先輩たちは穏やかで，顧問の飯塚佐一先生は新卒で赴任した最初の高校だった。1年生の中にはぼくのほかに軟式テニスの経験者もいたが，ある日3年生の志村誠一部長から声をかけられた。

　「ジュニアの大会に出てみないか」

　ぼくは早生まれなので15歳未満が出場できるジュニアの大会があったのだ。中学時代は試合にもほとんど出られなかったし，入部して数か月しか経っていなかったので驚いた。しかしもちろん嬉しかった。桜の木の下でやっていた「素振り」が芽を出したのだ。その試合には部長も付き添ってアドバイスしてくれた。対戦相手は中学生だったが，硬式テニスの経験は皆ぼくより長かった。ぼくは2回戦まで進むことができたので，その経験からさらに「練習の虫」になった。

　先輩との乱打では「もう一球お願いします！」が口癖になった。高校時代はテニスに明け暮れる毎日で，雨が降っても午後から晴れればテニスができると思ってラケットを抱えて家を出た。6時間目の授業のときにはすでに教室でぼくはテニスシューズを履いていた。授業の終わりを告げるチャイムが鳴り，礼をした先生が顔を上げると，ぼくの姿はもうそこになかった。そんな状態だったので掃除当番をときどき忘れたが，硬式テニスはぼくに「自己信頼」を与えてくれた。

　ぼくは東京の子どもたちよりもサッカーボールをうまく蹴られたし，いつもビリのほうだったランニングは中ぐらいになった。体育教官室の先生たちからは「俺にもテニスを教えてくれ」と言われて驚いたこともある。高校時代にぼくが憧れた選手は，オーストラリアのケン・ローズウォールだった。彼のバックハンド・スライスは芸術品のようで心を奪われた。30代のころ，ぼくはその「神様」から2回もレッスンを受けることができた。それは夢のような体験だった。

「変身」

　そしてなんと体育の成績が一気に「5」になった。それは主要5科目が「5」になるよりもはるかに嬉しいことだった。家に飛んで帰って母親にその成績表を見せると，思いがけない言葉が返ってきた。「先生の付け間違いじゃないの？」と言ったからだった。腰が抜けるほど驚いたが，この人は喜びを共感できないのだと思ったし，喜びの分かち合いもできない人なのだと思った。でもぼくはこの高校で確かに「変身」したのだった。

　高校時代は，アメリカの黒人差別事件が毎晩のようにテレビで放映されていた。ある晩，白人の家の入り口にある小さな階段に黒人が座っていると，中から出てきた白人が笑いながら彼の頭にケチャップをかけているシーンを見た。その瞬間ぼくの心に激しい怒りが沸いた。その怒りは何かと繋がっていると思ったが，それが分かるのはずっと先のことだった。学園祭ではクラスメート数人で，奴隷商人と奴隷の役を演じてトラックを回った。

　3年生になり大学の専攻を考える時期にきた。「ぼくは考古学に興味があるので史学科を受験したい」と担任に言うと，「君の家は金持ちか？」と聞かれた。「いいえ金持ちではありません」とぼくが答えると，「じゃあやめとけ。考古学は金がかかる」担任はそう言った。希望を断念せざるを得なくなったぼくは，黒人差別問題の解決策はやはり法律だろう。それならその法律を勉強するために法学部を受けよう。そう思って方向転換したのだった。

大学受験にも落ち浪人生活

　こうして現役で法学部を5つ受けた。自分では合格したつもりになっていたが現実は厳しかった。最後の発表ですべてに落ちたことが分かったとき，ぼくは上野公園に向かった。西郷隆盛像の下には映画館があり，そこでやっている成人映画を観に行くためだった。3本立ての成人映画はどれも同じような内容だったが，それでもぼくの挫折感を束の間だったが麻痺させてくれた。毎日，稜線を歩くような不安定な精神状態が続き，鉛色の浪人生活が始まった。

　浪人したからといって翌年優先的に入学させてくれるわけではない。テニス仲間の知人に，ぼくが入学したい大学の卒業生がいた。それが守田隆一さんで，彼はときどきぼくに夕御飯をおごってくれた。ぼくにとっては兄のような存在だった。その大学を目指す受験生が通う予備校にぼくも通うようになった。ある日，隣の受験生に何学部を受けるのか尋ねた。

　「文学部の心理学科」「心理学は面白い？」「面白い」

　そんな短い会話が交わされた。

　一浪して受験したが最後の発表があった日も，落ちたことを確認する日になった。すべての大学に落ちると，またぼくは上野に行き，これで二浪か……と思いながらぼんやり成人映画を観ていた。

　するとある晩自宅の電話が鳴った。

　「こちらは上智大学ですが，教育学科に補欠合格されました。入学されますか？」

　それは神の声に聞こえた。断る理由があるはずはなかった。ひとつだけ心理学コースがある教育学科を受けていたのだ。ここでもぼくは「命拾い」したのだった。

大学時代19~23歳
(1965.4~1969.3)

一人の釣り人がやってきて岸辺に立った

羅針盤をなくした船

　大学に何とか合格できたものの，法学部志望だったぼくは文学部に入った途端に，自分の目指す先が見えなくなってしまった。羅針盤をなくした船のようだった。教育学科は40人定員で，7割近くが女子だった。3年からは教育学コースと心理学コースに半分ずつ別れることになる。教育学科の学生のほとんどが教職課程をとっていたので，ぼくもそれをとることにした。そして社会科の教育免許が取れた。しかしその免許を持っている人は大勢いるし，中学や高校の教員にぼくがなりたいわけではなかった。

　「この大学は臨床心理学が看板だから受験した」という同級生の話を聞くと，ぼくよりもはるか先を歩いているように思った。ぼくはゼロからというよりも，マイナスからスタートする気分だった。とにかく心理学の「心」すら分かっていなかったからだ。五月病は5月で終わらなかった。授業を抜け出しては神田の古本屋街をさまよい歩き，ぼくが刺激を受けそうな心理学関係の本を探したが，これといった本は見つけられなかった。

　ぼくは大学生になったらやろうと思っていたことがあった。それは献血だった。口の悪い学生は「ちどり号がまた来た」と言ったが，大学のキャンパスには，日赤の献血車がときどき来た。隣に設置したテントの中で手続きを済ませると，バスの中に誘導された。献血は年間1200mlと限度が決められている。今でこそ一度に400mlがふつうだが，当時は200mlだった。あるとき，赤十字奉仕団の学生が授業中にやってきて「O型の新鮮血が大至急必要なので，学生に協力してほしい」と先生に言った。ぼくはO型・RH+なので協力できる。自動車部員が出してくれた車に乗って，ぼくは指定された病院に行き，そこで採血した。

後日，その病院からきた封書を開いてぼくはびっくりした。「梅毒の疑陽性だったので使えなかった」と書かれていたからだった。身に覚えはなかったが，さすがに気が動転した。再検査が必要だと思ったぼくは，地元の保健所に行き血液検査をしてもらうことにした。数日後，その検査結果を聞くために保健所に行くと，女性の検査技師は「こうした誤った検査結果がときどき出ることもあるので，心配ありません」と丁寧に説明してくれた。自分が納得できる結果ではあったが，白黒半々の判定では気持ちが悪い。そこで内科・性病科という看板が出ている医院にも行って検査を受けた。判定はもちろん白だった。

あるとき，友人の母親が手術に必要な血液を血液銀行から買ったことがあった。ふつうは現金で支払うのだが，献血すればその代わりになるという。それでぼくは血液銀行に行くことになった。当時は「黄色い血」といって「売血」が社会問題になった時代だった。献血ができるのは70歳の誕生日までだが，ぼくは健康な血液が提供ができるように日ごろから心がけた。年に2～3回していた献血は，2016年1月24日が最後になった。131回目だった。

学年末になると教務課から呼び出され「このままでは落第してしまうので，ドイツ語の先生に追試験をお願いしなさい」と言われた。抜け出した授業の多くがドイツ語の授業だった。ぼくは先生のところに行き，追試験をお願いした。ドイツ語の試験では辞書の持ち込みが許されているが，使い方が分からなければ無用の長物にすぎない。「追試験の問題は『マッチ売りの少女』だから，よく勉強してくるように」とその先生は言った。

試験の日まで『マッチ売りの少女』の物語を必死に思い出しながら訳そうとしたが，とうとう時間切れになってしまった。しかし当日出た問題はなんとか訳せたところまでだったので，また命を救われた。シューベルトの『冬の旅』や『美しき水車屋の娘』などドイツ歌曲は好きだし，それを歌うフィッシャー・ディスカウも大好きなのに，それとドイツ語とがぼくの中では，どうしても結びつかないのだ。

グリークラブ（Glee Club）

　入学式ではグリークラブが歌う校歌が素晴らしかった。それを聞いて入部する新入生も少なくないが，ぼくもその一人だった。実は最初に入部を希望したのは硬式テニス部だった。しかし土手の上から練習を見ていると，教えている先輩が威張っているだけで上手ではなかったので，すぐに退部届けを出したのだ。このころ，ある大学のワンダーフォーゲル部でしごき事件があり，新聞に大きく取り上げられたので，退部はしたものの，ぼくの心は穏やかでなかった。

　「大学ではグリークラブに入った」と父親に話すと，「テニス部にすればよかったのに，なんでそんな女々しいクラブに入ったんだ。おまえに歌を習わせるために大学に入れたんじゃない」と言って，4年間に一度も演奏会に来なかった。同期で入った友達から「夏休みにぼくの家に遊びに来ないか」と誘われたので，もう一人の友達と長野にある彼の家に行った。大学に入るまでガールフレンドがいなかったが，ぼくは同級生と付き合い始めていた。

　面と向かってそんな話を親にするのは恥ずかしかったので，そのことを書いた葉書を家に送った。それを読みながら「息子も恋をする年ごろになったんだね」と両親が顔を見合わせて笑っている姿をぼくは思い浮かべていた。しかし家に帰ってくると，そんな想像は木っ端みじんに吹き飛ばされた。「女の子と遊んでなんかいないで勉強しろ！」それが父親から18歳のぼくに送られたエールだった。母親だけでなく父親も共感性が乏しい人だと痛感した事件だった。

　グリークラブは無伴奏の男声四部合唱団で，4つのパートは自分の出せる音域で分けられていた。ぼくのパートはセカンドテナーだった。練習は厳しかったが4年間ぼくは活動を続け，ソロを歌うこともできた。卒業演奏会に来てほしいと思って初恋の人にチケットを送ったが，来てくれたかどうか分からなかった。しかし後になってから来てくれていたことが分かり，ぼくは卒業演奏会の録音テープを何回も聴いた。あの拍手の中には彼女の拍手も入っているのだろうと思いながら。

　ぼくは以前から歌うことも，歌を聴くことも好きだったが，グリークラ

ブを選んだもう一つの理由は、自分の声が楽器になるので、楽器を買う必要がないことだった。それにぼくはもともと楽譜が読めない。読めないのになぜ歌えたかと言えば、パートリーダーが歌う音は正確に聴き取れたからだった。しかし演奏会のチケットは各自が販売するルールなので、売れ残ったチケットは自分で買い取らねばならず、貴重なアルバイト代はほとんどそれに消えていった。

伝説のスパルタゼミ

　1、2年は一般教養課程だが、3年からは専門課程に入る。その3年には伝説にもなっているスパルタゼミが待っていた。毎週臨床心理学関係の本を何冊も渡され、20枚から30枚のリポートを書くのが宿題だった。当時はパソコンどころかワープロもない時代である。コクヨの横書き400字詰原稿用紙にそれを書くのだが、1枚清書するだけで15分から20分はかかった。そしてその間に万年筆のカートリッジを交換しなければならなくなる。

　水曜日の1限にあるゼミの日には皆青白い顔をして教室に現れる。前の晩は寝ていないからだ。ぼくはふと考えた。これは何を目的にしているのだろう。毎週20人の学生が20枚から30枚のリポートを書いても、霜山徳爾教授にそれを読む時間があるだろうか。まずないだろう。それなら卒論に使えそうな部分だけ抜き書きすることにしよう。そうやって恐怖のゼミを乗り越えたのだった。そもそも臨床経験のない者が何かを書けるわけなどないのだ。

　4年生になると卒業論文を書かなければならない。でもそのテーマをみんななかなか決められないので、夏休みに教授の別荘に泊まり込んで決めることになった。しかしそれでも決められず、時間だけが過ぎていった。ある日教授から呼ばれて研究室に行くと、脳性小児麻痺の子どもの病院からアルバイトの募集が来ていると言われた。あとで分かったことだが、ぼく以外の学生はずっと前にその話を聞いていたが、誰も希望しなかったのだ。

最初の臨床現場

　自宅からその病院までは片道2時間以上もかかった。ぼくは卒論の実習を兼ねてその病院に通うことにした。教授は自分の名刺の裏に簡単な紹介文を書いてぼくに渡した。そこには「この学生は心理検査ができるし，脳波も読める」などと書かれていた。全部嘘だった。両親にその名刺を見せると「大学の教授がこんな下手な字を書くわけがない」と父はまた怒った。父は達筆だったが，残念ながらその教授の字は，確かに達筆からはほど遠いものだった。

　ぼくが父親の仕事を継ぐことをかたくなに拒んでいたのは，言葉の暴力を振るわれるのはもうたくさんだと思ったからだった。それで「卒業したら福祉関係の仕事に就く」とぼくは父親に言った。すると父親は「福祉なんて仕事は，金持ちの老人がやることだ」と吐き捨てるように言った。そして母方叔父に手を回した。ぼくはある晩，その叔父から田舎の駅に呼び出され「お前は父親の仕事を継げ，嫁さんは俺が世話してやる」と言われた。

　「ぼくは今，卒論の実習で脳性小児麻痺の子どもの病院に行っています。もし叔父さんの子どもが脳性小児麻痺だったとしても，同じ言葉が言えますか？」

　そうぼくは尋ねた。叔父は無言だったので，「さよなら」と言ってぼくはその駅舎を後にした。外では雪が降りしきっていたが，ぼくの心は煮えくり返っていた。頼んだ父親も父親だが，父親の言いなりになった叔父も叔父だ。言葉の暴力の元凶は学歴コンプレックスにあり，教育虐待に変質していったのだ。

大学闘争

　やがてぼくがいた大学でも大学闘争の嵐が吹き始めた。教室は次々にバリケード封鎖されていった。「明日の朝，大学に機動隊が入るらしい」そんな電話が夜遅くぼくの家に入ると，両親はそばで聞き耳を立てていた。翌朝早く学生寮に行くと，裏門の外に大勢の機動隊員が待機していた。やがて大学側が門を開けると，青い戦闘服の群れが校内になだれ込んで来た。

「抵抗する学生は逮捕する！」そんな声が拡声器から流れ，ぼくの足はガクガク震えていた。

　ぼくたち学生には為す術がなく，たちまち排除されてしまった。大学側はキャンパスを高い塀で囲み，ロックアウト。行き場を失ったぼくたちは，毎日お茶の水の喫茶店に集まり，今後のことを話し合った。ぼくは特定のセクトに入ってはいなかった。しかし大学という「教育の場」が，こうした方法しかとらなかったことには納得できなかった。もし卒業式が開かれても出席する気にはならなかっただろうが，実際に卒業式はなかったのだ。

　危機状況のときに，その人の本当の姿が表れる。大学闘争のときもそうだった。学生側から問題を投げかけられると，いかにも学生側に立っているかのような言動をする教員がいた。しかし話を聞いていると，自分の主義・主張などはなく対決を避けているだけだと分かった。その一方で頑固一徹の教員もいた。彼は自分の主張が学生からは受け入れられないため，批判されることを十分承知のうえでも主張を曲げなかった。こうした教員のほうが学生からは一目置かれたのだ。

　学生時代のぼくは，宗教学の授業で神父の話を聴いていても，斜に構えていた。うまくいけば神様のお陰で，うまくいかなければぼくのせいにされるのだろう。「困ったときの神頼み」なんて格好悪いことはしないぞと思っていた。その一方で授業の合間にはキャンパス内にある小さな聖堂に行ったり，隣の大きな教会に行ったりしていた。あるときはイギリス人の神父に「今晩，黙想会があるので行きませんか」と誘われて，練馬の修道院に行ったこともある。

大学時代19〜23歳（1965.4〜1969.3）

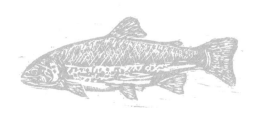

大学院時代23～25歳
（1969.4～1971.3）

そこで魚の動きをじっと見ている

両親の大きな誤算

　推薦で大学院には進めたが，このことを学びたいという強い思いがあったわけではなかった。大学闘争の爪痕はまだそこかしこに残っていた。大学の卒業式もなければ，大学院の入学式もなく，教員も学生も疲れ切った状態だった。東京大学医学部精神科から火の手があがった大学闘争の原因は「対等・平等・公平」という関係がなかったことだった。本来の関係に戻すには，大学闘争が《必要》だったのだ。むろん暴力のない闘争だが。

　大学院1年の前期に，ぼくは初恋の人と再会した。このまま交際が続いたらと，結婚も視野に入れ始めたのだが，経済力がないのに結婚するわけにはいかない。あれだけ父親の仕事を継ぐことを拒んでいたのに，不純な動機からぼくは大学に行かず父親の仕事を手伝い始めた。両親はむろん大喜びだった。彼女のことも知っていたので，束の間の平和な時間が訪れた。だが，ことはそう簡単にはいかなかった。やはり初恋のジンクスは破れなかったのである。

　年度末が近づいたある晩，教授から自宅に電話がかかってきた。「大学院はあと1年だから，大学に戻ってこないか」という提案だった。両親は大学教授を神のように思っていたようで「教授がわざわざそう言ってくださるのだから，大学に戻ったほうがいい」と強く背中を押した。これも後から思えば「命拾い」だった。ぼくは半分投げやりな気持ちでいたが，両親のほうが乗り気になった。1年したらこの仕事に戻ってくると思ったからだろう。

　それは両親の大きな誤算だった。翌年4月，修士課程の2年目に大学へ戻ると，ぼくは精神医学の授業に出た。小坂英世先生は精神科医で精神障

害者の地域家族会活動を熱心にしていた。授業の終わりに「関心がある学生は地域家族会に来てもいい」と言われたので，ぼくは先生について都内の精神障害者の地域家族会に参加するようになった。先生は荒川区にある「はけた診療所」で夜間診療もしていたので，診察にも同席させてもらうことができた。

地域精神医療

その繋がりでぼくは荒川保健所で非常勤職員として働けるようになった。ただ困ったことは地図を見れば分かるだろうが，町屋という特殊な地域ですっかり方向音痴になってしまったことだった。ある日の授業の後で，ぼくがひどい肩凝りの話をその先生にすると，先生から「外界への緊張が強いのだろう」と言われた。「外界」と言われた瞬間，それは「父親だ」と直感した。ぼくは父親に対して常に身構えていたので，ひどい肩凝りになったのだろう。

肩凝りで思い出したが，それだけでなく，顔が分からない男に追いかけられ，必死に逃げる悪夢もよく見ていた。その男をまくためにあちこちの路地を通り，やっと逃げ切るのだが，朝になって目が覚めるとぐったり疲れていた。あの男も父親だったのだろうか。ほかにも自分では気がつかなかったが，両親から「昨夜も歯ぎしりがひどかった」とよく言われたし，偏頭痛にもぼくは悩まされセデスを常用していた。さまざまな身体症状は，ぼくの窮状を表していたのだと思う。

その先生は精神科病院や保健所などで地域精神医療にかかわっている保健婦やソーシャルワーカーたちと勉強会を開いていた。その勉強会にぼくも出させてもらうようになった。こうして何とか卒業にこぎつけたころ，ぼくは精神医療の現場で働きたいと思うようになっていた。勉強会で知り合った住吉和子保健婦から「就職先は決まったの？」と聞かれたので「まだです」と答えると，「院長に話してみるから，松沢病院で働いてみない？」と誘われた。

反旗をひるがえす

　大学院2年のころだっただろうか。ある日，先輩がフィアンセを連れて家にやってきた。父親が貴金属の卸売業をしていることを知っていたからで，結婚指輪を少し安く買えると思ったのだ。父と母，先輩とフィアンセ，そこにぼくがいる5人の場で，ぼくは突然大声をあげた。「そういうお父さんは，ぼくのことを一度も認めてくれたことはなかったじゃないか！」そこにいたみんなが凍りついた。父親が何と言ったのか覚えていないが，父の言葉にぼくは反応したのだった。

　それまで溜まりに溜まっていたぼくのマグマは，その瞬間一気に吹き出した。でもそう言えたのは，同じ臨床心理学を学ぶ先輩がそこにいたからだろう。それからしばらくの間，父親が妙に気を遣うしぐさが，かえってぼくの神経を逆なでした。反抗的な態度はずっと取っていたが，面と向かって言葉で反旗をひるがえしたのはそのときが初めてだった。我慢して，我慢して，爆発！　というのがぼくのパターンだ。

　ぼくは自分に否定的な言葉を投げつけられると，即反応してしまう。長期戦は苦手なので短期決戦にもってゆこうとするのだろう。長期戦になれば体力も精神力もそれに堪えられるものが必要になる。しかし短期決戦ならそうしたものがなくても勝算があるからだ。なだいなだ先生は『からみ学入門』という本を書かれている。その本を読んで，ぼくは上手に質問できるカラミストではなく，カミツキストなのだと思った。しかしそれをなかなか変えることができない。

東京都立松沢病院時代25~33歳
（1971.10~1979.4）

降海したヤマメは桜の咲くころに遡上

風呂はなくトイレと洗面所は共用

　4月から松沢病院に採用されるという話を聞いたぼくは，すぐに実家を飛び出した。これでやっと自立できると思ったからだった。当然ここでも両親と激しいバトルになった。ぼくは一日も早く家を出たかったが，経済的に自立できないために，この日まで臍を噛む思いでいた。だが，そんなことを両親は夢にも思っていなかっただろう。不動産屋で安いアパートを見つけ，必要最低限の荷物をそこに運び込んだ。風呂はなくトイレと洗面所は共用だった。

　そんなアパートでも，ぼくにとっては天国だった。ここから始まる新しい生活に胸をふくらませていた。冷蔵庫はなかったので，食べ切れるものだけを買うことにした。ところが4月1日採用のはずが半月ずつ延び，結局正式に採用されたのは半年も後のことだった。一度家を出たからには，石にかじりついてもここを明け渡すわけにはゆかないとぼくは思った。2年前からデパートで働いていたTに電話をかけて助けを求めた。

　「7階の催事場なら毎週アルバイトの募集がある」と彼は教えてくれた。京都の蕎麦屋，車の部品販売や下着の販売，ガーデンパーティで使う屋台の組立て，有名女優の写真展のもぎり……と，さまざまなアルバイトをした。そのうちマネキン会社に登録すると時間給がよいと言われ，家具店の販売員もやったが，お客さんは取れなかった。アルバイト仲間から「食事を出す店だとアルバイトにも食事を出してもらえるよ」と言われた。それは有力な情報だった。

入院患者8人は40年入院

　やっと10月，ぼくは東京都の職員になれた。病院を見学してその敷地面積に驚いた。後楽園球場（現在の東京ドーム）が3つ半も入るというのだ。向こうには25ある病棟と病棟を結ぶ長い通路が見える。当時の入院患者数は1000名で，職員は600名。そのうち看護スタッフは400名もいたが，ソーシャルワーカーは数人だけだった。院内には養鶏場や養豚場があり，小さな動物園まであった。また加藤普佐次郎（1887-1968）という精神科医と患者が作業療法で作った立派な池は，海外でも有名だという。

　この精神科病院に勤務して最初に受け持った患者のカルテを見て，ぼくは仰天した。なんと彼はぼくが生まれた年から入院している人だったからだ。さっそくこのことを先輩に報告したのだが，彼女は少しも驚かず逆にぼくは諭された。「吉岡君，この病院には40年も入院している患者が8人もいるのよ」と言ったのだ。唖然とするしかなかった。しかしこの話から精神科病院の実態が明らかになってきた。それは病院なのに医療契約がないことだった。

　医療契約は治療目的と治療期間と治療方法について説明がなされたうえで結ばれるものだ。しかし当時はインフォームド・コンセントという言葉も考え方もなかった。患者が入院するときは，医者と家族が「密約」を交わし，患者は不在だった。治療期間が示されなければ，一生その病院が預かるという意味になる。古い病棟には，床の間がついた病室まであった。それが何よりの証拠である。「40年の悲劇」を繰り返さないためにはどうするのか，ぼくたちソーシャルワーカーは議論を重ねた。

　入院治療を要すると分かった時点でワーカーが介入し，本来の医療契約を結ぶ。それが解決方法だった。蛇口を止めなければ水は流れるままになる。古い考え方の医者からは，こうした方法をうとんじられた。しかしそうした医者からどんなに嫌われても，患者の人権を守るのがぼくたちの仕事だった。こんな時期に入院病棟に行くと，入り口でぼくは患者たちによく取り囲まれた。「私はいつ退院できるの？」どの患者からも同じ質問をされたが，当然の質問だった。

薄っぺらな正義感

　この病院に就職したぼくは社会復帰病棟の担当になった。そこは開放病棟で50人ほどの男性患者が入院し，看護婦と看護士が三交代で勤務していた。ある朝，病棟の申し送りに出た後のことだった。一人の深夜勤務を終えた看護婦が，別の看護婦に話している声がぼくの耳にも入ってきた。Nはいわゆる「ベテラン」と呼ばれる看護婦で，「あなたいつ来たの？」と最初のジャブをぼくに打ってきた人だった。

　とても初対面の挨拶には思えず，ぼくの心に警戒心が芽生えた。ぼくの耳に入ってきた話というのはこうだ。「夕べもE君の訴えが何回もあったのよ。でも彼は私（という正看護婦）がいるのに，S（看護助手）さんにばかり相談してね……」。つまり彼女はSに嫉妬し，正看護婦という自分のプライドが傷つけられたと思っていたのだ。まだSが近くにいたが，彼女に聞こえよがしに話し続けている。

　そこでぼくは「E君があなたではなく，Sさんに相談したのか分かるような気がする」とルアーを投げた。すると彼女は鋭いまなざしをぼくに向けた。（ヒットした！）「私はあなたに患者の情報を入れたけど，あなたは私に情報を入れてくれないわよね」「そうです。ぼくはほかのスタッフには情報を入れましたが，あなたには入れなかった。その理由は夕べE君がSさんには相談したけど，あなたには相談しなかった理由と同じだ。分かったか！」

　そう言ってしまったのだ。このやり取りを聞いていたスタッフたちが，ワッと笑ったので，ぼくの主張は支持されたと思った。ぼくは自分の刀の切れ味に酔っていたし，Sの気持ちを多少救えたと思った。でもそれがぼくの薄っぺらな正義感だということにはなかなか気づけなかった。Sはぼくの助けなど必要としない人だったかもしれないし，何よりもぼくの伝え方はNに届いていなかったのではないかということだ。問題はぼくの側にあった。

結婚・別居・離婚・再婚

　27歳のときぼくは結婚したが3か月で別居し，7か月目に離婚届を出し

東京都立松沢病院時代25〜33歳（1971.10〜1979.4）

た。表面的な離婚原因はぼくの不倫問題だったが，ぼくのほうは物事を決断できない相手にいつもイライラしていた。本質的な原因は2人とも「精神的自立」ができていないために，自分の言動に責任を持てないことだった。ぼくの最大の過ちは，否定的な感情にしっかり向き合おうとしないまま，「この人こそ自分を理解してくれる人だ」と思った女性に急接近したことだった。

　ある日，その女性と並んで夜道を歩いていたときのことだ。「あなたの子どもを産みたい」。小さな声だったがその言葉はぼくの足を止めた。ぼくは両親のことが好きになれず，「おまえのような馬鹿は一人でいい」と言われてからは，自分をさらに嫌いになった。だからそんな言葉をかけてくれる人がいるとは考えたこともなかったのだ。父親の言葉と真逆の言葉を，ぼくは俄に信じることができなかった。

　こんなぼくを本気で好きになり，ぼくの子どもを産みたいとまで言う彼女をこのうえなく愛しいと思った。そしてその言葉は時間とともに，ぼくの心の中にゆっくりと染み渡っていった。この人こそ出会うべき人だったのだと確信した。『セックスアホーリクス・アノニマス』の中に，「次のセックスこそ自分を救うであろうといつも考えていた」という一文がある。ぼくもまさに「この女性こそ自分を救うであろう」と思ったのだった。

　ぼくが惹かれる女性たちには共通するものがある。美人ということもあったが，彼女たちの内面はぼくの騎士精神をくすぐるような人たちだった。このころは共依存症についての知識どころか言葉も知らなかったが，後から思えばすでにその病気は発症していた。ぼくは「助けてあげなければ」と思ったが，実際にはそんな手助けなど必要としない女性たちだったかもしれない。「自分」というものを持ち，自立した女性にぼくは魅力を感じなかったのだ。

　ぼくは結婚するまでに性的な体験はあったが，性体験はなかった。妊娠して傷つくのは女性のほうだと思ったからだった。性への関心は人一倍強かったかもしれないが，性風俗店に行かなかったのは性病にかかることを恐れたためだった。でもそれが抑止力になった。40歳の初めころからAAのミーティングに出ていたが，自分が性依存症であることをなかなか認め

ようとはしなかった。どうせなるなら，ヤク中かギャンブル中毒のほうが
格好いいと本気で思っていたのだ。

君はアル中になる

　ステップ4では恨みや恐れとともに，性の棚卸しもする理由が分かった。
ここでは自分の性のふるまいを表に作り，第1列では「誰を傷つけたか？」，
第2列では「何をしたか？」，第3列では「自分の性のふるまいの原因となっ
たのは『自己』のどの部分か？」，第4列では「自分の過ち，失敗，欠点
の正確な本質は何か？」を順番に分析する。この作業をすれば「楽しかっ
た思い出」ではなく，「苦しかった思い出」が回復の役に立つことが分かる。
　依存症は「再生か死の病」とも言われている。ある時期は救急救命士と
なって助けてくれるが，突然殺し屋に変わるのだ。不倫も性依存症のひと
つだが，ぼくも危うく刃傷沙汰になりそうになったことがあった。そして
2年後，ぼくは再婚した。今度の相手は援助職だった。職業選択にも配偶
者選択にも，自分が意識していたかどうかにかかわらず，なんらかの理由
があるのだろう。そしてそれも「援助の原点」に繋がっているのだと思う。
　どこの精神科病院でもアル中は嫌われているし，ヤク中が入院できるの
は国公立の病院くらいしかない。この病院も都立なのでアル中でもヤク中
でも入院を拒めなかったが，「アル中は一つの病棟に2人まで」と制限さ
れていた。そんな中で思わぬことがあった。あるスタッフから「君はアル
中になる」と言われたのだ。下戸のぼくがなぜアル中になるのかと思った
が，後にこの予言は半分外れ，半分当たることになる。

表現方法の保障

　症状を保障することが大事だと教えてくれたのは，精神科医の小澤勲先
生だった。ある日の講演で「私は幻覚や妄想という形でしか表現できなかっ
た彼らの表現方法を保障したい」と言ったのだ。「統合失調症に対しては，
大量の向精神薬を投与して症状を抑え込む」というのが当時の主流だった。
しかし小澤先生の治療法は正反対の方法だったので，ぼくは深い感銘を受
けた。考えてみれば，症状を保障することも問題行動を保障することも同

じなのだ。

　なぜなら，本人にとっては症状も問題行動もSOSで，それが本体では
ないからだ。そういう理解ができれば信頼関係を深めることができるのに，
表現方法を無視したのでは信頼関係を築けるわけがない。その後ぼくは，
相談場面で出会った人たちにもこの「表現方法の保障」を試みた。不登校
でも家庭内暴力でも非行でも，薬物問題でも，この「表現方法の保障」が
役に立った。表現されたものは「コインの表」にすぎず，本体は「コイン
の裏」にあるからだった。

相互援助グループとの協働をライフワークに

　松沢病院の「退院者の集い」（これについては54頁で後述）にかかわっ
たとき，思わぬ発見をした。それは退院した彼らが，ぼくの予想をはるか
に越えた潜在力や回復力を持っていることだった。そして相互に助け合う
と，その力が何倍にも大きくなることだった。ぼくは，こうしたグループ
活動が今後重要な社会資源になるのではないかと考えた。ぼく一人ででき
ることは限られているが，彼らと協働すれば新たな展望が見られるかもし
れない。

　こうしてぼくは「相互援助グループとの協働」を，ライフワークにしよ
うと考えたのだ。以前は自助会・自助グループ・セルフヘルプグループな
どと呼んでいたが，互いに助け合うグループなので，「相互援助グループ」
(Mutual Aid Group)という名称のほうがふさわしい。ひと言で言えば「同
じ悩みを持つ者同士が支え合い，問題解決を図ろうとするグループ活動」
のことである。この活動を知れば知るほど，ぼくはその魅力に惹きつけら
れていった。

　アルコホーリクス・アノニマス（AA＝無名のアルコール依存症者の集
まり）は「経験と力と希望の分ち合い」と言っているが，このグループで
は援助者の参加はあっても，あくまでもメンバー個々の責任でグループを
運営している。AAにはアルコール依存症者のミーティング（クローズド
ミーティング）のほかに，家族や友人，援助者が参加できるオープンミー
ティングもある。ちなみにアメリカでは援助者のことを「AAの友人」

(Friend of AA）と呼んでいる。

　こうしたグループは，1929年の大恐慌に対応するものとしてアメリカ
で始まり，第二次世界大戦後，広範囲な運動を展開していった。そしてそ
の先頭に立ったのは，精神的あるいは身体的なハンディキャップを持つ子
どもの親たちだった。当時の記録によれば，アメリカ知的障害児協会では，
1968年に300の支部を組織し，13万人以上の会員を擁していたし，アメ
リカ脳性麻痺協会では，260の支部に10万人以上のメンバーと5万人を
越えるボランティアがいた。

　そのほかにギャンブラー，統合失調症者，薬物中毒者，肥満者などのグ
ループもあった。多くのアノニマス・グループの先駆者であるAAは，
1935年に誕生し，世界中の1万2000支部に35万人のメンバーがいた。
1960年台に運動は頂点に達したが，1976年時点でアメリカにはこうし
たグループが十数万も存在したと言われている。アノニマス・グループで
は，その問題から回復したい願望さえあればメンバーになることができる。

日本の相互援助グループ

　我が国においても，こうした運動は広がりを見せている。1982年にぼ
くが調べたところでは，「アルコホーリクス・アノニマス」のほかに「断
酒新生会」「禁酒同盟断酒修養会」「断酒友の会」などの断酒会があった。
全日本断酒連盟には293の断酒会と595の支部があり，会員数は4万
1500にのぼっていた。また全国精神障害者家族会連合会は37の県家連に
500以上の単位家族会（病院家族会，地域家族会）を持ち，11万2500人
がその会員になっていた。

　一方保健所等の公的機関で行われているソーシャルクラブや民間団体に
よるデイケア等とは別に，精神障害の体験者が主体となって活動している
グループもあった。こうしたグループやその会員は全国でまだ数は少ない
ものの，今後発展していく可能性を十分に秘めたものだ。ある日，知人の
紹介で自殺予防研究会に参加すると，そこで聞いた話はとても興味深いも
のだった。そしてぼくは体験者の活動にますます関心を持つようになって
いった。

スウェーデンで自殺未遂者に対して35年後の追跡調査を行ったところ，未遂者の10.9％しか自殺していないことが分かった。1953年にロンドンで始まり，世界各地に広がりを見せた自殺予防活動「サマリタン」も，そのメンバーの多くが自殺未遂者で構成されている。またかつて医療刑務所で麻薬中毒犯罪者の治療をしていた医師は，受刑者であった黒人男性と結婚し，夫妻はロサンゼルスの麻薬中毒センターで麻薬中毒者の治療にあたっていた。

当事者主体の活動

　こうした話を研究会の席で聞きながら，ぼくはいくつかの関連するエピソードを思い出していた。そしてそこに共通するのは，いずれも当事者が主体となった活動であったり，体験者の重みを感じさせるものだったりしたのである。それはソーシャルワーカーの仕事をするうえで，ぼくが自分の立ち位置をどこにすればよいかを教えてくれたのだった。もちろん経験主義とは異なるもので，まさにそこから「協働」が始まるものだった。

- ・ さまざまな断酒会のこと。
- ・ 青年期に神経症になり，その体験を元にして独自の精神療法を確立した森田正馬のこと。その彼は「生活の発見会」という神経症回復者の会を作ったこと。
- ・ 現代精神医療の基礎を築いたと言われているサリバン（Sullivan, H.S）は，劣等生だった看護士を意図的に集めて育成した。そのような環境で育った人間こそ精神障害の治療に適していると考えたためだが，当時の秘書はサリバン自身がかつて統合失調症を発症していたと述べており，その経験や生い立ちが彼の治療論に大きく反映していると思われる。
- ・ ニューヨークやボストンで元患者がリーダーになり十数名のメンバーと活動しているNA（ナルコティクス・アノニマス＝無名の薬物依存症者の集まり）のこと。
- ・ デイケアの場面でスタッフからの指摘には頭から反発したメンバーが，同じ病気を体験した「仲間」からの指摘には驚くほど素直に耳

を傾けたこと。

　こうしたいくつもの事実に目を向けたとき，原点に立って闘いうるのは，自らがその問題を体験し，苦しみ抜いた当事者でしかありえない。そうぼくはあらためて確信し，この後ぼくは1989年に薬物依存症の家族グループ，1992年に援助職者のグループ，同年に性依存症者のグループ，2000年に共依存症者のグループの立ち上げにかかわった。

　どのグループもAAの12ステップと12の伝統を基盤に置いて活動を始めたが，援助職者のグループは10年足らずでその活動が続かなくなってしまった。「援助職は回復しない」と言われた屈辱を晴らすはずのグループだったが，逆にそれを証明する結果になってしまった。

神がディレクター，ぼくらは配役

　こうしたグループの立ち上げにかかわって学んだことがある。現在も存続しているグループには，大きく分けると3つの時期があった。立ち上げの準備期，立ち上げたグループを軌道に乗せる時期，そのグループを安定させる時期，である。立ち上げる前にはやる気満々だった人が，いざ始まると一度も参加しないこともあった。そんな人には恨みや怒りが噴出したが，それぞれの時期にかかわった人は，神様が決めた配役だったのかもしれないとやがて思えるようになった。

　個人相談室を始めたとき，ぼくはクライエントに相互援助グループのミーティングに出ることを義務づけた。そうするとぼくと同じ問題を持つクライエントとミーティング場で顔を合わせることになる。ここで正直な話をしたら，クライエントに信用されなくなるんじゃないかと不安だった。しかし実際にはぼくが自分の弱さを話すと，逆にクライエントとの信頼関係は深まっていった。それは経験したことのない貴重な体験だった。

　ぼくが受けてきた教育は真逆で，自分のことは伏せて治療にかかわることだった。それはマジックミラーの裏側から，クライエントの裸を見るようで気が引けた。対等でもなければ，同じ地平に立つ関係でもなく，ぼくには卑怯にさえ思えたのだ。AAのセミナーなどで援助職の話を聴いていると，援助職のほうが自分をさらけ出すことに臆病になっているように感

じられた。だがそれは，かつてのぼく自身の姿でもあるのだと思う。

　言葉は思想なので，疾病名や問題行動名は人間観である。ぼくが学生時代には「分裂病をつくる母親」という言葉があったし，依存症治療の現場では「アル中妻」という言葉もあった。どちらも女性が原因とされた。「学校恐怖症」は「学校嫌い」に変わり，「学校嫌い」は「登校拒否」に変わり，現在は「不登校」と呼ばれるようになった。病気や問題行動の呼び名は，その時代を照らす鏡だ。

松沢病院の「4つの大罪」

　この精神科病院に知的障害のために入院していた「患者」はどれくらいいるのか調べてみたことがある。1974（昭和49）年8月1日現在で松沢病院の入院患者は1026名で，知的障害者は66名いた。そのうち調査対象になった59名の入院期間と年齢を表に示す。

入院期間	患者数
0〜5年	17名
6〜10年	12名
11〜15年	7名
16〜20年	7名
21〜25年	8名
26〜30年	8名
合計	59名

年齢	患者数
18〜20歳	1名
21〜30歳	12名
31〜40歳	18名
41〜50歳	15名
51〜60歳	11名
61〜70歳	2名
71歳以上	0名
合計	59名

　松沢病院には知的障害を持つ「患者」が，実際には66名も入院していた。なかには知的障害と精神障害を併せ持つケースもあっただろうが，知的障害者は教育的配慮に欠ける精神科病院が受け入れるべき対象ではない。治療契約でも相談契約でも同じだが，最初にできることとできないことをしっかり確認しなければ，問題が出てくるのは当然のことだ。本人不在の中で家族の圧力に負けてしまえば，精神科病院はその本来の機能を失ってしまう。かくして「40年の悲劇」はこうして生まれたのだ。

松沢病院には「4つの大罪」がある。

①　病院なのに本人と医療契約を結ばなかったこと

②　家族の圧力に負けて入院を許可したこと

③　医療ではできないことを本人と家族に伝えなかったこと

④　知的障害者も入院させていたこと

　「これら4つはぼくがいた時代のことではない」という言い逃れはできない。もちろん他の精神科病院でも同じような問題があるかもしれないが，この問題を無視すれば，ぼくも同罪になる。だから医療契約は最も重要なものなのだ。

「何だ！　余裕の笑いなんか見せやがって」

（高校3年休学中・男子・家庭内暴力）

「包丁事件」

　2月のある日，ひとりの母親が医療相談室にやって来た。「高校3年を休学中の息子が非常に怒りっぽく，興奮すると手がつけられなくなるので困っている」という相談だった。

　風邪を引き，咳が3か月以上も止まらなくなり入院。退院したものの朝起きられず，生活は昼夜逆転し1年間の休学になった。復学の時期が近くなり本人は焦り出した。学校に行きたい本人は，朝起きようと努力しているのだが，うまくゆかないので，それも怒りの一因になっている。

　ロックやプロレスに凝っており，椅子を振り上げたり降り下ろしたりの暴力で，窓ガラスは割れ，障子もメチャクチャ。それでも本人は「的を外している」と言い，「俺はこんなに苦しんでいるんだから金を出すのは当然だ」と言って，母親からだけでなく，父親や祖母からも金を取り上げる。姉がピアノの試験勉強で朝からピアノを弾いていると「うるさい！」と騒いだので，父親が本人を抑えつけた。すると本人はますます興奮し，父親に包丁を投げつけた。

　包丁は父親の背後の壁に突き刺さった。本人は威嚇のつもりだったので，父親には当てなかったが，父親のほうは「殺される！」と思ってしまった。おそらくこの日から父親と息子の力関係は，完全に逆転したのだろう。父親は土日でも仕事を休むことを嫌う人で，子どもたちの躾は全部母親に押しつけてきた。口では「お前のことは考えている」と言うが，具体的には何もしないので「お父さんはずるい。逃げている」と姉から言われ，それには母親も同感だった。

家族関係

　父親は母方祖父の会社で働いていたが，その仕事ぶりを認められ婿養子

のような形で結婚。本人は初めての男の子だったので過保護に育てられ，王子のような生活をしていた。中学のころから要求を通すために扉を蹴ったりし始めた。中学3年のときにはレコードやオモチャを万引きして警察に捕まった。その晩両親は泣き崩れ，父親は本人を激しく殴ったが，実は小さいころから本人はよく父親に殴られていた。万引きはこれ以前にもあり，女性の下着も盗んでいる。

　高校2年の年末に3回目の補導をされ，少年審判になった。文章表現が巧みで「二度とこのようなことはしない」と反省文を書いて誓ったが，約束が守られることはなかった。本人がさまざまな「問題行動」を起こしたので，両親はいくつかの相談機関に足を運んだが，解決の糸口はつかめなかった。本人は優秀な姉と比較されることに強いコンプレックスを持っていたが，自分の体が体格的に劣っていることや肌が白いことにもコンプレックスを抱いていた。

　「母親は人前で泣いたことのない人で，感情を表に出さない。いつも母親のほうが引き下がってしまうから，私は夫婦喧嘩を見たことがない。母親は長女だし，祖母に抑えられて育ったので，自分の子どもは自由にさせてあげたいという気持ちが強い」と姉は語る。

　一方父親については「一発雷を落としたら，あとはパッと水に流すという考え方で，ことなかれ主義。なぜ自分は怒っているのか，お前のここが悪いから怒っているんだ，ということは言わない。とにかく力で抑え込もうとし，その後は友達みたいに振る舞う」と評していた。確かに父親はのらりくらりしていて，ぶつかり甲斐がなく迎合的。仕事中毒だが酒は飲めない人だった。

子どもの思春期は親の思秋期

　ある日，総合病院の心理スタッフと一緒にぼくは家庭訪問をした。両親と本人と姉の4人も，ダイニングルームのソファに腰を下ろした。そこでこんなやりとりがあった。「テレビを消して話し合いに加わらないか？」「何い！　喧嘩売るのか」「そんなつもりはないよ」「じゃあ何だって言うんだ！」「メモにも書いて約束したのにお金を要求するのはおかしいんじゃ

事例1

ない？」「お前，俺に喧嘩売るのか！」彼は急に立ち上がると体をウィービングさせながら，丸めた新聞紙でぼくに殴りかかってきた。次にはソファの背当てクッションでも殴ろうとし，やがて着ていた皮ジャンパーを脱ぐと，それをブンブン振り回し始めた。しばらくの間ぼくは座ったまま彼の攻撃をよけていた。すると，

「…何でそんな目で俺を見るんだ！」

「……」

「何だって言ってるだろ！」

「…（少し苦笑い）」

「何だ！　余裕の笑いなんか見せやがって」

　心理スタッフが説得を続けていると，彼の興奮は急速に冷めていった。子どもの思春期は親の思秋期と重なることになる。子どものほうは自我も芽生え，どんどん体力がついてくるが，親のほうは逆にどんどん体力が落ちてゆく。子どもへの対応方法を変える必要が出てくるのは当然だろう。「包丁事件」はそれまで父親が使ってきた「暴力」という方法を「禁じ手」にした。そしてとうとう父親は「仕事中毒」も続けられなくなった。

　この後も相談関係は続いてゆき，途中からは家庭裁判所の少年調査官にも協力してもらった。ぼくが総合病院の心理スタッフに協力を求めたのには，いくつか理由がある。ひとつには松沢病院が精神科病院の代名詞にもなっているので，その病院から来たと言えば大きな抵抗に合うだろうと思ったことだ。ほかにも総合病院は通院しやすい距離にあること，ぼくが異動する可能性が高くなってきたこと，今からなら引継ぎがスムーズにゆくと思えたこともあった。

IP（Identified Patient）

　相談の山場は「何だ！　余裕の笑いなんか見せやがって」と彼がぼくに向かって言ったときだ。でもぼくには「余裕」など実はなかった。部屋の中には立派なサイドボードがあるし，窓の外には大きな庭石が見える。部屋の中でも外でも格闘になり彼に怪我をさせてしまったら，週刊誌のいいネタにされてしまう。じゃあどうするか。そんな思いになって，ふっと苦

笑いしたのかもしれないが，彼のほうは勝手に「余裕の笑い」と受け取ったのだろう。

「俺よりも強い相手かもしれない」と彼が思ってくれたので大事には至らなかった。あのころぼくが柔道をやっていたら，支釣込足で彼の体勢を崩し，袈裟固で抑え込んでいたかもしれない。彼は暴言や暴力などを使ってSOSを発信していたが，周囲はSOSだとはとても思えず，その迫力に圧倒されてしまった。しかしそうした表現の裏で「ぼくの言動に振り回されず，ぼくの不安をしっかり受け止めてほしい」と彼は訴えていたのではなかったのだろうか。

思春期というのは自分の力を誇示したい時期でもある。「依存」と「自立」の狭間で揺れているので，当然「試し行為」もする。大人になりたいが半人前の自分に気がついている。だから自分でももどかしい。本人は勝てば勝ったでいい気になってしまい，負ければ執念深くそのことを恨む。小さいときからその繰り返しだった。強くなりたいからボディビルにも通う。ツッパルことでバランスをとり，崩れそうな自分を必死に守っている姿は痛々しいほどだ。

彼は家族の中から「問題のある人」（IP：Identified Patient）に選ばれた。しかし「問題のある人」に選ばれるのは父親でもよかったし，母親でもよかったし，自分では電話ひとつかけられない気だけが強い祖母でもよかったはずだ。この家族の中で健康度が一番高かったのは姉だった。姉も本人と同じ年ごろに荒れて両親から「ヒステリー」と思われた出来事があった。しかし姉のほうはこのままこの家にいたら甘えは治らないと考え，家を離れる決心をしたのだった。

「問題行動」が意味するもの

娘は母親を見ながら自分の中に「女性像」を築きあげてゆき，息子は父親を見ながら自分の中に「男性像」を築きあげてゆく。母親は男の子の育て方が分からず，父親は仕事中毒で子育てに関心がない。その父親は本人が小さいころから「暴力」で彼をコントロールしようとしてきたが，思春期になってもそれを変えなかった。だから本人も，「暴力」で相手をコン

トロールできると思ってしまったのだろう。もしかしたら父親も「暴力」で育てられたのかもしれない。

　ぼくは彼から発信されるさまざまな「問題行動」はSOSであり，それを通して何を訴えようとしているのかを，家族と一緒に考えようとしなかった。ぼく自身もその渦中に巻き込まれ，危うく乱闘騒ぎになるところだった。幸いにも冷静な心理スタッフが同席し，彼が「誤解」してくれたお陰で最悪の事態は避けられた。この事例から学んだことは，ここでも「症状の保障」から相談を始めるべきことだった。

「ぼくにも時間をとってください」

（40代・男性・自閉症）

ぼくの仕事は患者の話を聴くこと

　松沢病院にはたくさんの病棟があるが，当時それらはA・B・C・Dの4つ
の群に分けられ，それぞれに「センター」と名づけられた小さな建物があっ
た。ぼくが担当になったのはC37という男性の開放病棟で，2階のC38
は女性の開放病棟である。近くにはBセンターがあり，そこがソーシャル
ワーカー室になっていた。後に本館が新しくできると，その中にソーシャ
ルワーカー室は移転した。そのC37病棟に入院していた男性から，ある
日声をかけられた。

　「ぼくにも時間をとってください」と彼は言った。ぼくの仕事は患者の
話を聴くことなので，もちろんOKした。当時毎週月曜日の夜は，院外作
業から戻ってくる患者の面接を病棟医と一緒にしていた。昼間はやる仕事
がたくさんあるので気忙しいが，夜のとばりがおりるころは気持ちに少し
余裕が持てた。そんな様子を彼は見ていて声をかけてきたのかもしれない。
「夜の7時にBセンターへ行くから，3時間ぼくの物語を聴いてほしい」そ
れが彼の要求だった。

　彼の物語を聴きながら記録していると，記録用紙は10枚になった。病
棟でみかける彼は他の患者から孤立し，長身だが猫背で手をひらひらさせ
ながら歩いていた。口はややとがらせ，目だけをキョトキョト周りに配ら
せる姿が特徴的だった。デイルームのベンチにぼくが座っていると，音も
立てずにすっと傍に寄って来て，ニコニコ笑いながら顔がつかんばかりに
口を寄せてヒソヒソ話をした。しかしその笑い方には明るい色がなく，ど
こか乾いていた。

児童相談所経由で入院

　夕食が終われば，他の患者たちはそれぞれの部屋に戻っていく。しかし

彼は自分の部屋から使い古しのノートと鉛筆と定規が入った箱を大事そう
に抱えてデイルームに戻ってくる。いつものテーブルの前に座ると，開い
たノートに五線を引き，自分が作詞・作曲した鉄道の曲を書く。それが彼
の日課になっていた。

　彼が2歳になる前に父親は亡くなり，母親は小学校2年のときに再婚し
た。学校ではふざけて授業中に外へ飛び出したり，おかしなことを口走っ
たりするようになった。そのため3年生の終わりに，学校から登校しない
でくれと言われてしまう。

　児童相談所経由で，1952（昭和27）年4月に「学校嫌い」の子どもを
収容していた都立梅ヶ丘病院に入院。病院では他の子どもを金槌で殴った
り，ナースステーションからいろいろな物を盗んで私物庫に隠したり，壁
に落書きをしたりした。彼をイジメる患者から逃げるために何回も病院を
飛び出し，長崎まで逃げたこともある。梅ヶ丘病院からガラス製品の下請
け工場へ院外作業に出た時期もあったが，その後松沢病院に転院したの
だった。

　30歳になるころ，病棟の小旅行で高尾山にハイキングに行ったことが
あった。京王線の最前車両に乗り電車の運転に興味を持った彼は「運転手
になるにもやっぱり勉強しないと駄目かな」とぼくに言ってきた。たまた
ま世田谷区には夜間中学があることが分かり，ある晩一緒に見学に行った。
先生は根気よく彼の話に耳を傾け，給食のデザートに出たミカンを彼にく
れた。しかし彼のほうはそうした先生の好意には無頓着で，病院から通学
することには執拗に抵抗した。

　翌朝出勤したぼくが聞いたのは，数日来トラブルになっていた同じ病棟
の患者を背後から鉄製の空気入れで殴り，15針も縫う大怪我をさせた話
だった。保護室のある病棟に移されていた彼に会いに行った。「15針も縫っ
たんだって」とぼくが言うと，「縫い方が狭ければ多くなるし，間を空け
れば少なくなる。空気入れは下の部分が三角になっているから2つに切れ
た。殴ったのは1回だけだ」と淡々と話す彼には，反省している様子など
まるでなく，夜間中学の話も出てこなかった。

　4日後，病院を飛び出した彼は山梨県から電話をよこした。駅の喫茶店

事例2

で「どうやって保護室を抜け出し，ここまで来たのか」という話を迎えに行った担当医とぼくに得々と語った。

単身アパート生活

　結局それから1か月半後，叔母が彼の面倒を見るということになり，5年2か月ぶりに松沢病院を退院した。彼の病室の私物庫や畳をはがした床下や天井裏には彼が拾い集めた毛糸，ボタン，ファスナー，空き缶，使い捨てた口紅，鉛筆，電気製品などがびっしり詰まっていた。それを3畳一間の古い木造アパートに持ち込むと言ってきかず，整理しようと持ちかけた職員に猛然と反撃した。

　梅ヶ丘病院への入院から数えると，22年7か月ぶりに彼は精神科病院を退院し，生活保護を受けて叔母が勤める会社の寮の近くにアパートを借りた。そこで廃品回収的生活をしていたのだが，部屋で大声をあげるという理由で追い立てられてしまった。叔母は仕方なく別のアパートを借りてあげると，そこではしばらくの間，荷物整理をしていたが，ある日外来にやってきた。「自分が街を歩いていたら，自分の持っているものがいかにつまらないものか分かったので，捨てたり売ったりしている」ということだった。「福祉事務所にもう怒らないでほしいと言ってくれ」と言うので，「それを自分で言うのが社会人だよ」とぼくは返した。

　それから少しして彼のアパートを訪問すると，部屋の中はきちんと整理されていたのでぼくはひと安心した。ところがそれは束の間で，また叔母から電話が入った。「新しい所に移ってまだ1か月なのに，また大家さんから出て行ってほしいと言われたんです。もう私には出せるお金はないし，困っています」と。

「がらくた」は「宝物」

　3軒目のアパートに移ると彼の部屋はごみ屋敷になっていた。夜間中学に通い始めてはいたが，学校でもトラブルメーカーだった。授業中は暑いので窓を開けっぱなしにする。だからその窓から蚊が入ってくる。その蚊を教室中パチンパチンと手で叩いて追いかけまわす。注意すると窓を閉め

てしまう。そのため教室内の温度がぐんぐん上がり，皆ぐったり。次には拾い集めた殺虫剤を撒き散らすので，今度はそのスプレーを浴びて皆再びぐったり。

「最近では教室内にも荷物を積み上げ始めた。職員の中には病院に戻したほうがいいという者もいるが，私としては彼のそうした行動が長い入院生活の中で身についてしまったものなら，なんとかしてあげたい」

そう担任は語った。許容することと何でも受け入れることは違う。彼にとって不満なことでも，なぜそれは受け入れられないのかを根気強く話すしかないだろう。さもないと人や状況で判断基準が簡単に変わってしまい，混乱するのは本人だからだ。

彼から学ぶべきことは何だったのだろう。基本的生活習慣を身に付けることは必要だが，それは精神科病院の役割ではない。彼が病室の私物庫や天井裏に溜め込んでいたものを「がらくた」と考えてしまうことは簡単だ。しかしそれを整理しようと持ちかけた職員に猛然と反撃したのは，彼にとってそれは「がらくた」ではなく，大事な「宝物」だったからだ。なぜ彼はそれを《必要》としたのかを理解することが，本来の治療的行為だったのだと思う。

グループワーク１

退院者の集い

集合場所は精神科病院の正門

　松沢病院では1966（昭和41）年の秋から「退院者の集い」が年に２回ずつ持たれていた。社会性を奪われ，家族は離反し，長期入院の後退院していった人たちにとって「友達」と言えば，入院中に知り合った患者か職員がほとんどそのすべてだった。そんな彼らの世界を広げようと考えて計画されたのがこの「退院者の集い」だった。年に２回しかない「退院者の集い」でも，多いときには27人，少ないときでも９人のメンバーがその日を心待ちにしていた。

　この集いは約７年間，病院職員が運営していた。計画を立てると退院した患者たちは「集合場所は松沢病院の正門がいい」という。しばらくは彼らの希望どおりにしたが，これでは社会性を広げられない。そのため「京王新宿駅の改札口」に集合場所を変更したのだが，これにもかなりの時間を要した。長期入院した患者たちは，新しいことや初めての体験には大きな不安が伴うので，「昔のやり方」を望むのだ。それはこのグループ活動にもはっきり表れた。

　長期入院していた患者の社会復帰は簡単にはいかない。街を並んで歩こうとすれば，すぐ真後ろにピタッとくっついて歩くし，退院して単身生活するために見つけたアパートは，病院のすぐそばだ。医療契約のないまま長期入院を余儀なくされ，「さあ退院ですよ」と言われても戸惑うのは当然のことだ。入院生活が長くなれば，公衆電話のかけ方も分からなければ，駅に行ってどうやって切符を買うのかも分からない。「浦島太郎状態だ」と言うのは無責任すぎる。

グループ・ワン

　長く入院していた患者たちは新しいグループになると，全く現れなく

なったが，最近退院した患者たちは積極的だった。ソーシャルワーカーたちは彼らが持っていそうなポテンシャルを見直すことにした。メンバー自身による本来のグループ活動にすべきだという反省がソーシャルワーカーたちから出されたためだった。計画も，それを外来に貼るポスターも，運営もすべて彼らに任せ，手を放した。しかし問題は何も起きなかったのである。

　1974（昭和49）年10月，「グループ・ワン」という名前がメンバーたちによって名づけられ，会は再出発することになった。以来，月一度の土曜日の夜には，12，3人のメンバーが区民センターに集まってくる。会が始まるのは午後6時で，毎回100円の会費を持ち寄り，それでお茶菓子を買う。春には夜桜の下で，夏にはビヤガーデンで，また冬には鍋を囲みながら，仕事のこと，病院生活のこと，恋愛問題などを熱っぽく語り合っている。

　病院のソーシャルワーカーのほかに，医者や看護婦もときには参加するが，運営はすべてメンバーに任されている。会が終われば皆で食事に行ったり，メンバーのアパートに上がり込んだり……というのが，いつものパターンである。このグループ活動から学んだことで最大のものは，ぼくたち病院職員が，患者たちの持っている力を過小評価してきたことだった。それは猛省すべきことであるし，今後は新たに評価すべきものが見つかるかもしれない。

埼玉県精神衛生センター時代33~37歳

（1979.5~1983.3）

でも澄んだ川で鱒は釣れないだろう

東京都から埼玉県へ

　東京都の衛生局では異動の年限が決まっていた。医者や看護職は10年で，心理職や福祉職は7年だった。ぼくがいたのは松沢病院という大人を対象にした精神科病院で，子どもを対象にした精神科病院は梅ヶ丘病院である。ぼくは精神科病院や精神衛生センターなどで仕事を続けたかったが，次は総合病院に異動になりPSW（Psychiatric Social Worker：精神科ソーシャルワーカー）からMSW（Medical Social Worker：医療ソーシャルワーカー）に転向する噂が聞こえてきた。困ったことになったと思っていると，埼玉県精神衛生センターから声がかかった。

　卒業後は地元の浦和で仕事したいと，もともと思っていたぼくにとって，それは「渡りに船」だった。ぼくの退職金を埼玉県が出すという金銭トレードになった。7年7か月のヒラの退職金など高が知れている。東京都から埼玉県への異動は「割愛」と呼ばれるものだった。「ブロークン・ラブ」なんて言葉が，どうして生まれたのかぼくは知らないが，この役所言葉は面白いと思った。埼玉県衛生部で割愛のケースは7人いたが，成立したのは結局ぼくだけだったそうだ。

　衛生部の人事係長の面接を受けると，「もともと心理の出身なのだから，心理職に変更ができる。福祉職のままだと厄介な管理職試験を受けなければならないが，心理職なら推薦で管理職になれるから有利だ」と何回も変更を勧められた。彼の好意はありがたかったが「ぼくはソーシャルワーカーの仕事をしたい」と自分の希望を通させてもらった。この判断は正しかった。こうして大宮にある埼玉県精神衛生センターで仕事をするようになった。

所長と次長が1人ずつおり，事務職員と相談部と指導部のスタッフがそれぞれ数人という小さな職場で，ぼくは指導部に配属された。精神衛生センターには「技術指導援助」「教育研修」「広報普及」「精神衛生相談」「協力組織の育成」「調査研究」という6本の柱があった。「技術指導」とは何とも偉そうでぼくは好きになれなかったが，この名称は後に「技術協力」という名称に変わった。それはぼくが赴任して間もなくのことだった。

管理職手当ては「不安・孤独手当て」

所長からある日，「管理職試験を受けるように」と言われた。本庁では係長職だが，出先機関では課長職になる。「部下の手柄は上司がもらい，上司の失敗は部下に取らせる」というのがぼくの管理職像だった。ぼくが出会った管理職の中に「皆さんは自分でやりたい仕事を精一杯やってください。何かあったらその責任は私がとります」と言った管理職が1人だけいた。27年間の公務員生活でそんなことを言ったのは彼だけで，尊敬されていた所長だった。

そんなことを言われたら，部下は「この人に責任を取らせるようなことは絶対できない」と思って仕事をするだろう。そのときぼくは管理職手当てというのは「不安・孤独手当て」ではないのかと思った。人間はひとつ階段を登れば，もうひとつ階段を登りたくなるものだ。ぼくもその階段を登りたくて試験を受けたなら，相談に来られる人たちに対する裏切り行為ではないか。試験の朝までぼくは逡巡していた。「迷うとき」は，たいてい間違った方向に行きそうなときだった。

結局管理職試験を受けたのだが，ぼくは落ちた。しかしこれは「神様の言うとおり」だと思った。ぼくが管理職の器でないことは，誰よりもぼく自身が分かっていることだったからだ。管理職試験を受けられる年齢が過ぎてほっとしていると，今度は児童相談所の所長から「所属長推薦があるから管理職試験を受けろ」と言われた。その所長からは「娘が結婚するときに，父親がヒラじゃ格好悪いだろ」とも言われたが，全くよけいなお世話だ。

ぼくは「自分よりも管理職になるべき人たちが大勢います。そういう人

たちを推薦してあげてください」退職するまでそう言い続けた。ある年に人事課が出先機関を回り，職員の面接をするということがあった。ぼくの面接をした係長はぼくの情報が書かれた書類を隠しながら，こう質問した。「あなたは一度管理職試験を受けた後は，受けていないようですがなぜですか？」。「またか」とぼくは思ったが「自分が管理職の器ではないからです」とこのときも答えた。

　すると彼は「管理職試験を受けないのは，労働意欲がないと評価しますがいいですね」と言ったのだ。ぼくは呆気にとられ，開いた口がしばらくふさがらなかった。凄いパワハラだ。それが本庁の「常識」なのかと思ったので，翌年面接に来た係長に，去年の出来事を話をすると，彼は驚きぼくに謝った。児童相談所に異動してからも，上司の支持を得たいのか，それともお母さんや子どもの支持を得たいのかと迷うことはあったが，結論はいつも同じだった。

初めて聞いた回復物語

　埼玉県に移ったちょうどその年，厚生省から「酒害相談をセンターが主導するように」という通達がきた。ぼくが避けてきたアルコール相談だった。所長は誰をその担当者にするか探していた。ぼくは所長があちらを見ればこちらを向き，こちらを見ればあちらを向いていた。するとぼくよりも後から入った真面目な男が所長と視線を合わせた。白羽の矢は彼に命中した。ぼくはうまくいったと内心喜んでいた。

　教育研修は指導部の仕事だった。県の保健婦や市町村保健婦にもアルコールの相談に取り組んでもらう必要があるので，彼女たちとの連携も必要になった。アルコール相談そのものをスタッフは知らなかったので，断酒会員の力を借りながら所内でもその相談が始められた。ある先輩が「アルコールの相談はあらゆる相談の基礎になる」と言っているのを聞いて，「ええっ，そういうものなの？」とぼくは半信半疑だった。しかし後にそれは本当だと分かった。

　酒害相談の宿泊研修で，ぼくは断酒会員の回復物語を初めて聞いた。そのとき，ぼくの「アル中嫌い」に激震が走った。その振動は止まらず，そ

埼玉県精神衛生センター時代33〜37歳（1979.5〜1983.3）

の後断酒会の例会に参加したり，もっと話を聞きたくなって会長の家を訪れたりするようにもなった。そして酒害相談研修の目玉は回復者の話だと確信し，それを研修プログラムの中心に置いた。酒が大好きな所長は「アル中にどんな話ができるというのか」と不満だった。でもぼくは譲らなかった。研修会後のアンケートには「回復者の話がとてもよかった」と何人もの参加者が書いていた。

援護射撃なし

　通所グループのひとつ（ソーシャルクラブ）からは「今は仕事に就いていないが，やがて仕事に就くようになる。そうしたらこのグループには通えなくなる。月に一度でもいいから夜間にみんなで集まる会を作りたいので，協力してくれないか」という要請がきた。ぼくが関東圏にある精神衛生センターに問い合わせたところ，どのセンターでもそうした活動をすでにやっていることが分かった。同僚に意見を聞くと，皆大賛成だった。

　そこで，情報をまとめて所内会議で提案した。ところが数年先に大きなプロジェクトを抱えている所長が「ノー」と言うと，誰からも援護射撃をしてもらえなかった。あれだけ賛成していたのに，皆下を向いているのだ。ぼくは裏切られたような気持ちになり，自己保身は公務員の特徴なのかと思った。しかしここで引き下がるわけにはいかなかった。ぼくはアメリカで始まった相互援助グループの歴史と，その効用をまとめて再び所内会議に出した。

　しかし結果は同じだった。どうしても納得できないので所長室に行った。「ノーの理由をあらためて聞かせてほしい」「君が辞表片手でそれをやったとしても，失敗の責任は誰が取らされる？」「今彼らに必要なことに応えず，彼らの社会復帰が遅れたら，その責任は誰が取るのか？」。平行線なので，「ここにいるとその活動をさせてもらえないのなら，外に出してほしい」ぼくは無力を認めて引き下がった。

　所長から反対されながらも，ぼくはスーパーバイザーに相談し，秘密裏にその活動を始めた。月に一度コミュニティセンターで夕食をとりながら近況報告をするこの会は，7～8年続いた。埼玉県では仕事が4年になる

と異動対象になる。これは噂だが異動の際は巧妙な「三角トレード」と呼ばれるものがあり，1人が拒めば他の2人の異動も不成立になる。そのため拒めない仕組みになっているというのだ。ぼくの場合は希望どおり児童相談所に異動になった。

「食事のときは蹲踞」
（中学2年・男子・不登校）

学校に行きたいけど行けない

　そのときぼくの右こめかみに強い衝撃が走った。黄色のテニスボールが猛スピードで飛んできた方向を見ると，彼はさっと垣根の向こうに姿を消した。彼は13歳で「腺病質」という言葉がピッタリする男の子である。彼が初めて両親と精神衛生センターの門をくぐったのは，6年生のときだった。彼が学校に行かず，家で母親に暴力を振るうという相談内容だった。いわゆる不登校のケースだったのである。当時，精神衛生センターでは新しい相談が1年間に400件近くあり，そのうちの40％が思春期（中学1年生から高校3年生まで）のケースで，その中の40％が不登校のケースだった。

　家族の話を聞くと，このように「学校に行かない」と受け取りがちだが，本人の話をよく聞いてゆくと，「学校に行きたいけど行けない」というのがほとんどだ。「不登校」のケースには，「登校刺激」を与えないのが大原則になる。これも「症状の保障」から相談がスタートするからだ。本人が登校について心の準備ができていないのに，そうした話題を家族が出すので，親子間の衝突が起きる。では学校に行きたいのに行けないのはなぜなのだろう。

　彼の父親は食事が気にいらないとお膳やお鍋をひっくり返したり，母親の髪をつかんで部屋中引きずり回したり，殴ったり蹴ったりした。いわゆるDV加害者だった。そのうえかなり見栄っ張りな大手の商社マンでもあった。一方母親は，いつも額に八の字を寄せ不安気にオドオドとし，陰気な感じを与える女性で，およそ父親と同い年とは思えぬほど老け込んでいた。こうした両親の間に生まれた彼は，小さいころから体が弱く，医者通いをしていた。同胞はいない。

　しかし体のほうが丈夫になると，今度は学校を休む日がしだいに増えて

いった。学校を休んだ日は，朝遅く起きると一日中テレビを見ているか，お菓子を食べながら家の中でごろごろしていた。それでいて始業のベルが鳴り始めてから，終業のベルが鳴り終わるまで，母親が気を揉む何倍も何十倍も彼の関心は学校に向けられていた。彼には不登校という「症状」のほかに，いくつもの強迫思考や強迫行動があった。強迫症状というのは，一種の呪いのことだ。

　例えば，履物でも机の上に置いたものでも，きちんとしていないと気が済まないとか，宿題や掃除などが完璧でないと満足できないとか，トイレが終わった後で必要以上に何度も手を洗うといった行動である。ときには母親に対して手をあげたり，暴言を吐いたりすることもあったが，それらはむしろ父親の模倣という感じが強かった。こうした彼とその家族にどのようにかかわってゆけばよいのだろうか。

「無視作戦」

　スタッフ間でこのことについて幾度も話合いが持たれた。その結果，「暴力」という形以外で彼が自分の気持ちが表現できるようになることと，社会性を広げてゆくことによって母親との精神的な分離不安を少しずつ解消させることが必要だという話になった。ソーシャルワーカーのぼくが彼を担当し，心理スタッフが母親の気持ちを受け止める役割になった。親の側の問題と彼の不登校の問題とがどこでどう繋がっているのか，そこが焦点になった。

　はじめのうちぼくは完全に彼に振り回されていた。ぼくは大人と同じように相談室で向かい合って話ができるものと思っていた。それがまず間違いだった。ぼくが先に相談室に入り席に座ると，もう彼の姿は消えていた。それは後に児童相談所で子どもと面接するときに，向き合って座るか，斜めに座るか，並んで座るかといった「位置」を考えさせてもらうきっかけになった。松沢病院のころはデイルームの畳に並んで寝転んだ状態だと会話が成立する患者もいた。それも一種の並んだ位置だ。

　何回目かの面接でも彼の行動は変わらなかったので，ぼくは「無視作戦」をとることにした。ちょうど昼休みに差しかかったので，センターの庭に

古いソファを持ち出し，それを的にしてテニスのサービス練習を始めた。案の定彼は驚いた表情でどこからか飛び出してきた。しかしぼくが声をかけるとまたすっといなくなった。それでまた「無視作戦」を続けていると，彼の投げた豪速球がぼくのこめかみに命中したのだ。

　彼ははっとした表情でぼくを見た。彼自身まさか命中するとは思っていなかったのだ。彼にしてみれば，「ぼくがこんなに関心を向けているのだから，そっちだって少しくらいこっちを向いてくれたっていいじゃないか！」そんな怒りがそのボールに込められていたのかもしれない。次の面接日に，彼が家に戻ってからボールをぶつけたことをひどく気にしていたという話を，ぼくは母親から聞いた。それでこの日，また彼に声をかけたのだが，やはりまた姿を消してしまった。

復学が問題の解決ではない

　今日も駄目かと思って，ぼくはこの日も古いソファを庭に持ち出した。ところが少ししてふと２階を見上げると，彼は２階の窓から玄関の屋根の上に出て，それとはなしにこちらの様子を伺っている。この日も「無視作戦」を取りながら，ここをどうやって突破すればいいのかとぼくは考えた。そうだ，彼がぼくにボールをぶつけたことを気にしているのなら，ぼくが彼にボールをぶつければいいんだ。そう思った。

　もちろん怪我をさせるわけにはいかない。ボールを取り損ねて彼が屋根から落ちたら大変なことになる。ぼくは彼に声をかけながらボールを慎重に投げた。すると彼はそのボールを上手にキャッチし，ゆっくり投げ返してきたのだ。彼とぼくとの間でキャッチボールができたことがきっかけになり，その後少しずつ彼は心を開いてくれるようになった。「テニスボール事件」の後から，彼は相談室の中で話をしてくれるようになったのだ。

　中学１年の終わり近くになると，１年間で３分の２も休んでしまったので，別の中学に転校してやり直したいという気持ちまで彼は表現できるようになった。紆余曲折の末に彼は同じ中学の２年に進級した。翌年の夏休みに担任と彼がセンターに来た。この１学期は１日も休まなかったということで，彼の表情には自信のようなものが見られた。これは彼に復元力が

あったからだが，終始彼を支えてくれた担任の熱いまなざしがあったことも大きかった。

　彼は再び学校に行くようになったが，問題が解決したわけではなかった。次々に両親の深刻な事実が明るみに出てきたのだ。父親は地方の大きな商家に生まれたが，封建的な家庭環境に育ち，アル中の父親から暴力を受けていたり家の倒産など，さまざまな問題を抱えていた。現にその問題からくる円形脱毛もあった。母親には結核で亡くなった恋人がいたが，その人とのことが現在も心に深い傷跡を残していた。それに結婚生活上の恨みや憎しみなどが連なっていたのだ。

相手の土俵に上がる

　ある日彼は土器や矢尻に興味があり，家の近くに貝塚があるというので，一緒に探しに行くことになった。そんな行動を共にできたことが，さらに関係を深めることになった。家庭訪問で帰り支度を始めると，母親から「この子と一緒にお昼御飯を食べていってください」と言われた。「いやぼくは公務員なのでご馳走になるわけにはいかないんです」「もう用意できていますから」そう言いながら母親は，盛り蕎麦をテーブルの上に置いた。彼の分もそこにあった。

　「じゃあ，せっかくですからご馳走になります」そう言って，ぼくが箸で蕎麦を取ろうとすると，その箸がポキンと折れてしまった。すると彼は素早く立ち上がると台所に行き，代わりの箸を持ってきてくれた。その素早さにも驚いたが，彼が蹲踞の姿勢で蕎麦を食べていた姿にも驚いた。そのとき，父親がお膳をひっくり返す話とそれが繋がった。いつでも逃げられる体勢，それが蹲踞だった。こうしたことは家庭訪問でしか分からない。

　これは母親から聞いた後日談だが，彼がぼくを気にいってくれたのは，あの担任と同じ鞄をぼくが持っていたからだった。同じ鞄を見て信頼してくれたのだとしたら，担任だけでなく鞄にも感謝しなければならない。

　ぼくが彼との相談関係で学んだことは，自分の土俵に相手を引っ張り込むのではなく，相手の土俵にぼくが上がってゆくことだった。それは，それまで使ってきた方法とは真逆の方法になる。

もう一つは，問題になっていることから取りかかろうとすれば抵抗に遭うのは当然なので，相手の興味や趣味，関心事から話を聴くことだ。そうすればその中には自分と共通する話題や趣味があるかもしれない。そこから信頼関係がスタートすることもあるだろう。もしそうしたものが見つからない場合は，ぼくが「生徒」になればいいのだ。「先生」には得意な分野だから，分からないことは教えてくれる。そこからも信頼関係を結ぶことはできるからだ。

「カウンセラーなんか辞めちゃえ！」
（高校2年・女子・不登校，躁状態）

平手打ち３回

　相談に来ていた17歳の女子高校生からぼくは平手で3回殴られた体験がある。1回目は「あなたは17歳の女の子を救う気があるの？　カウンセラーなんか辞めちゃえ！」と言われたときだった。2回目はこの状態では精神科病院への入院もやむを得ないかと考えて説得していたときだった。彼女は「結局は親のスパイだろ！」と言ってぼくの頬を左手で殴り，逡巡していると「その目がイヤなんだよ！」と言ってさらにぼくの頬を打った。

　それが自分の身に起きたとき，ぼくは大混乱に陥った。しかもそのときに彼女から言われた言葉は追い討ちをかけた。もちろん助けたいと思って，ぼくは話を聴いていたつもりだった。しかし彼女にしてみれば，もどかしくて仕方なかったのかもしれない。その後も相談がなんとか継続したので，ある日両親から家庭訪問の要請がきた。母親の話では，自分の部屋を中から机や椅子でバリケード封鎖し，親を入れない生活が続いているということだった。

　ぼくは彼女の家に行き，部屋の前に立つとこう言った。「吉岡だけど，中に入れてくれないか」。しばらくすると物音がして，ぼくが入れるスペースを彼女は作ってくれた。部屋の中は物が散乱し，足の踏み場もない状態だった。「先生はここに座って私と同じように教科書を破くのよ。破った教科書はこうして窓にぶつけるの！」そう彼女は言うと，手にしていた教科書をビリビリ破き窓にぶつけた。教科書を破くのには抵抗があったが，そうせざるを得なかった。

　幾日もそんな状況が続いているということだったので，「少し散歩に連れ出してもいいですか？」とぼくは父親に許可を求めた。外に出ると，さすがに気分が良さそうで，道端の水溜まりの中をパチャパチャ歩いたり，家具屋の前を通りかけるとどんどん中に入って行ってしまったりした。店

員は不審そうに見ていたが，何も言わなかった。田んぼに差しかかったときには，片方のサンダルを脱いで田んぼに放り込んでしまった。

自分は今，試されている

　ぼくは靴を脱ぎそのサンダルを探したのだが，あたりはもう暗くなっていた。「見つからないよ！」とぼくは田んぼの中から大声で叫んだ。すると「探さないでいいよ。もう片っぽも放り込んじゃったから」という声が返ってきた。仕方なくぼくは自分の靴を持ち，彼女と裸足で家に帰ることになった。家では母親が「娘と一緒に食べてほしい」と言って，てんぷらを揚げていた。それをぼくの前に置くと，やにわに彼女の手が延び，パクリと食べてしまった。

　「何やってんのよ！　それは先生の分でしょ。あんたのも今持ってくるから」そう言って母親は新しいてんぷらを取りに行った。彼女は母親の後ろ姿に目をやりながら，「先生は私の食べかけと，お母さんが持ってくるほうと，どっちを食べる？」とぼくの顔を覗き込んだ。「ぼくは君の食べかけのほうを食べるよ」そう言うと，彼女は満足そうな笑みを浮かべた。援助の仕事をしていると「ああ自分は今，試されている」と感じることがときどきある。

　でもその一方でぼくも相手を試しているのだ。こうしたことを乗り越えながら信頼関係は醸成されてゆくのだろう。「援助関係とは試し試される関係」であることを，彼女からあらためて確認する体験だった。その後彼女は精神科に2度目の入院をしたが，その病院で主治医と信頼関係を築き，回復に向かっていくことができた。深刻な話題なのにニコニコ笑っている母親と，娘が興奮すれば神棚に手を合わせてひたすら拝む父親に育てられた彼女にとって，その病院のスタッフたちは「親代わり」の存在になったのだろう。

事例4

一二三会

３通の手紙

　夕闇が迫ってきた。ぼくは窓外に流れてゆく街の景色をぼんやり眺めながら，電車に揺られていた。つい今しがたまでいた友人の結婚披露宴のどよめきが，まだ耳の中に残っている。今日が二人の出発（たびだち）の日となるのだ。

　１時間半ほどして，ぼくはとある駅に降りた。薄汚れた喫茶店のドアを押し開けると，タバコの煙にかすむ奥のソファに，約束していた彼らの顔が並んでいる。そこには華やかな笑い声こそなかったが，今ここではもうひとつの出発が始まろうとしていた。

　援護射撃がない中で所長と対決したために，かなりの深手を負っていたぼくの傷を癒してくれたのは，３人からの返事だった。精神科病院に通院中のＧさんにぼくはこんな手紙を書いていた。「治療的立場に立てば，分析とか解釈などといった知的レベルの理解は可能かもしれない。しかし病気を体験したことのない者が，なぜ情緒的レベルの理解（共感）などできるのか。傲慢な言い方だが，健康が負い目に感じられることも実際にはある」。

Ｇさんからの手紙

　「吉岡さんはなぜ病気にならなかったことを気にしているのだろう。確かに病気にならなければ，なった人の気持ちを真に理解することはできないかもしれないが，それだけではないと私は思う。どうして健康な人たちが病気になった人たちを理解せず，差別するのか。正しく当たり前に扱うとはどうすることか。そういうほうに力を注いでくれることも，私たちにとって大きな助けになるのだ。

　健康な人は，健康であることを神に感謝し，病気の人たちがいかに生きやすい社会生活を過ごすことができるかに力を貸してほしい。人間は想像

力を持っているので，たとえその病気にならなくても，なって苦しんでいる人の体験談を聞けば，その苦しさやつらさは分かるだろう。違ったたとえかもしれないが，原爆症者を理解するために原爆を受ける必要はあるだろうか？

　あるいは，目が見えない人の苦しみを理解するために，自分も視力をなくすことがどんなプラスになるのだろう。それよりも点字の翻訳をしたほうが，よほどその方のためになると思う。もっとおおらかに受け止めて生きていってもよいのではないかと思うが，私の独りよがりだろうか」

　ぼくの考えにGさんは真摯に反論してくれた。そのうえ援助職の役割まで彼女は教えてくれたのだった。

スーパーバイザーからの手紙

　2通目はスーパーバイザーの柏木昭先生に出した手紙への返事だった。そこには以下の4つの提案が書かれていた。

①　出した「提案」を職場の会議で引っ込めること。

②　該当するメンバーに事情を話し，「だから自分は手を引くが，どうしてもそういう会が必要なら自分たちだけでやってみて」と言うこと。これは事実上の拒否だが，相手への真の信頼でもある。その信頼度を私は問う。（このときは彼の言うことが分からなかったが，「反面教師役を引き受けろ」という意味だったのだ。援助職が意識して反面教師役をやったわけではなかったが，結果的にはそれが相互援助グループを生んだ歴史がある。）

③　やがてグループができたときには，それこそグループは自らの運営能力と経済力が試される日が来るに違いない。それまでは「声をかければ吉岡さんは来てくれると思っていたが，組織で仕事をしていればそんなわけにはいかないんだ。じゃあどうする？　ゲストではなく講師として金を払って彼を招こう。それが我々の責任じゃないのか。でもこんな会じゃとても呼べない」といった危機が生まれる。こうした苦難のコースを選び取ってもらわない限り，社会的な自助グループは成立も成長もしないだろう。その点で貴兄はまだ保護的だと思う。（今なら，共依存症

のスリップだと理解できる。）

④　貴兄とメンバーたちが「秘密会」を持てるのなら，こういう話合いを
　　含めて会合を持ったらどうか。その際には提案①をメンバーに了解して
　　もらうことが前提になる。

　薄っぺらな正義感で突っ走ろうとしていたぼくの気持ちは，スーパーバ
イザーにすっかり見抜かれてしまった。そして相手の復元力や潜在力をど
こまでぼくが信頼しているか。それらは単なる言葉上のものではないのか。
そうしたことを再度確認する機会を貰ったのだった。

メンバーからの手紙

　3通目は後に会長役を引き受けたメンバーからの返事である。
　「センターの五月会ソーシャルクラブメンバーには大きく分けて3つの
タイプがあると思う。
①　職に就かなくてもよい環境なので参加している人
②　職に就けないので参加している人
③　職に就いているが息抜きのために参加している人
　私は職に就いているので五月会に参加したくてもできないでいる。そこ
で月に1〜2回，夜1時間半か2時間くらい仲間と雑談する機会がほしい。
同じ病気をした者同士の集まりがあれば，一人悶々と悩むときなどに信頼
できる人に話すことで，思わぬ解決が見つかるものだ。そういう機会がほ
しい。」

「必要」だったものが「不必要」になる

　ぼくは彼から貰った手紙によって大きく勇気づけられた。この集まりは
1981（昭和56）年4月から翌年3月までの1年間にコミュニティセンター
で夜間24回開かれた。会のルールは「自治会規約」をもとに作られ，名
称は「一二三会」に決まった。
「一」はデイケア（日常生活上の身辺自立を目指したグループ活動）
「二」はソーシャルクラブ（デイケアより一歩社会に近づいたグループ活
動）

「三」は第3のこの会（社会生活を維持してゆくために相互の支えを大切にしてゆくグループ活動）のことを意味し，ホップ・ステップ・ジャンプという意味も込められていた。

　この会は約8年ほど続いた後，発展的に解消した。「必要だったものが不必要になる」ことは援助の目標でもあるが，簡単に言えば彼らの生活の「支え」となる機能がいらなくなったからだった。ここで注目すべきことは，再発を恐れていたメンバーが再発し，「再発したらそのときはそのときさ」と開き直っていたメンバーが再発しなかったことだ。そこにも回復するうえで《必要》になる腹の決め方があるのだろうと思った。

埼玉県川越児童相談所時代37~41歳

（1983.4~1987.3）

しびれを切らした釣り人は川を濁らせた

担当するのは常時 120 ケース

　最初の児童相談所は川越児童相談所だった。そこでぼくは4年間活動した。転勤するたびに困ることは，電話の応答がすぐにはできないことだった。精神衛生センターで受けた相談のやり方がここでも通用すると思ったが，組織が変わればやり方も変えなければならなかった。相談課には10人の児童福祉司（ソーシャルワーカー）がおり，その上に課長が1人いた。児童福祉司の担当地域は，市町村の合算人口でほぼ均等に分けられていた。

　ぼくの担当は1つの市と3つの町と1つの村だった。どこも行ったことがない所だったので，車の運転に必要な自分用の地図を作った。そんなぼくを助けてくれたのは，精神衛生センター時代に研修を受けにきた保健所や保健センターの保健婦たちだった。彼女たちと一緒に行動する姿を見た仲間の児童福祉司たちからは羨ましがられた。なかには「この町の厚生大臣」と渾名されるほど信頼されていた大山敏子保健婦もいて，彼女と家庭訪問するときは安心だった。

　児童相談所では毎週受理会議が開かれ，それぞれの担当地域からきた相談が配分されたが，1人で担当するケース数が常に120を下回ることはなかった。そうしたケースの中で，命に直結するケースから優先順位をつけて相談を始めていくが，当然虐待ケースに一番エネルギーを注ぐことになる。虐待ケースの多くは保護者自身に相談したい気持ちがない。だから虐待の事実に直接触れると，子どもを保護できなくなる。介入するのが難しい理由のひとつがそれだ。

　ぼくたち児童福祉司は，毎朝自分の担当地域で事件が起きていないか，目を皿のようにして新聞の社会面を読む。その子どもを今日保護すべきか

どうか，最初に判断するのは担当児童福祉司だが，自分の不安で判断したら一時保護所は，たちまち自分が担当した子どもたちで一杯になってしまう。保護すべきか様子を見るべきか，その判断は非常に難しい。でもぼくは児童相談所の仕事をしたことで，判断力や決断力を磨くことができたと思っている。

一時保護所

すべての児童相談所に一時保護所が併設されているわけではない。定員は30名前後で，男女の児童を保護できる。ただし小・中学生の場合は，しばらく学校を休むことになる。一時保護の期間はおおむね1か月程度なので，その間に子どもの処遇を考えなければならない。家庭か，里親か，児童施設かの三者択一になるが，短期間で家庭の状況が好転するとは考えにくいので，現実的には，里親か児童施設のどちらかになる。一時保護は児童相談所長の判断でできる。

ある冬，児童・民生委員から相談を受けた。10代のシングルマザーが，幼児を炬燵に寝かせて夜遊びしているという。さっそく家庭訪問して母親に会い話を聞いた。その結果児童相談所の出した判断が一時保護だった。児童養護施設に行くことになった朝，一時保護所の職員の腕からぼくは自分の胸に彼を抱き寄せた。すると彼は左のほっぺたを，ぼくの左頬にぴたりとつけてきたのだ。これからどこへ連れて行かれるのだろうと不安だったからかもしれないが，そのときの彼のほっぺたの感触をぼくは今でも思い出す。

脳内麻薬噴出

自分の担当地域から来た電話も自分で受けなければならないが，それまでの経過を知らなければ返し方が分からない。そのためぼくはとりあえず担当している全ケースの要約記録を書くことにした。それを五十音順にファイルしておけば，電話を聞きながらその要約記録を読む時間がとれるからだった。4年間なので120をはるかに越えるケース数になったが，次の児童相談所でもこの作業を行った。

業務時間内ではとても終わらないので残業し，自宅に帰ってからも夜遅くまでこの作業を続けているうちに，ぼくは仕事中毒になっていた。あれだけやっていたのに疲れを全く感じなかったのは，脳内麻薬が噴出していたのだろう。その要約記録が引継ぎにはおおいに役立ったようだが，なによりもぼく自身に要約する力をつけてくれた。しかし強迫的にスケジュールノートを埋めることは，なかなか変えられなかった。

まだ異動して1年ほどしか経っていなかったころ，ぼくは課長から「吉岡は相談処理件数が少ない」と言われた。日ごろから「新人イビリ」をする課長だと聞いていたので「ああ，ぼくのところに来たか」と思った。「隣の部屋にゆきましょう」とぼくは課長を誘った。部屋に入ると「これまでに十数年相談の仕事をしてきましたが，仕事が遅いと言われたのは初めてです。120を越える相談にどう取り組めばいいのか教えてください。『処理件数』と言われましたが，相談は『処理』ではなく『処遇』だと思います。それからあなたは部下を呼び捨てにするのですか？」そうぼくが言うと，その後イビられることはなくなった。

児童相談所では「処理」だけでなく，「措置」とか「委託」といった言葉が何の疑問もなく使われていた。「あなたもお役人ね」などと相談に来たお母さんから言われたら，ぼくもそうした役所文化に染まったということだ。そのときには潔く「役所」を辞めようと思った。

里親調査

「調査」という言葉も好きではないが，ここでは便宜的に使わせてもらうことにする。子どもが欲しいのに子どもに恵まれない夫婦がいる。医学的な検査で子どもはできないと分かった場合もあるし，不妊治療を続けていてもなかなかできないケースもある。そうした夫婦は悩みに悩んだ末，里親になることを決意する。福祉事務所に申請用紙を出すと，その書類が児童相談所に送られ，担当児童福祉司がその家庭を訪問することになる。それが「調査」だ。

「委託」された子どもが里親の家でどのような生活をすることになるか，その話を聞くのが目的だ。将来の里父母やその家族に話を聞いて，特に問

題を感じられなければそれを所内会議で報告し，里親審議会にかけられる。そこをパスしても，すぐに里子が里親のもとへ行くわけではない。里親候補者からは，「3歳くらいの女の子が欲しい」と言われることがある。しかしそれは子どもがなぜ家庭で生活できなくなったのかの理解がまるでできていない。

　里親希望を出したある家庭を訪問したとき，こんなことがあった。共働きしている夫婦のために，彼女の母親は毎朝二人分の弁当を作ってくれていた。ところが彼女は母親が作ってくれる弁当のおかずの詰め方が気にいらず，毎回自分で詰め直しをしているという話が出てきた。彼女のほうは気にとめていなかったが，ぼくのほうは気にとめないわけにはいかなかった。所内会議で出したぼくの判断は「保留」だった。

　ぼくが心配したのは，弁当を作ってくれる母親に感謝しないばかりか，自分の詰め方にこだわる彼女の問題だった。もしこのまま児童相談所がOKを出し，里親審議会もパスし，その家に子どもが行ったらどういうことが起きるだろうか。おかずの詰め方を自分の意のままに変えるように，彼女は里子も自分の意のままに変えようとするのではないか。子どもがその家に行ってからでは遅すぎる。そのことを伝えるのは今しかないと思った。

　もう一度訪問し，「いったん保留にさせてもらった」と伝えると，彼女は相当ショックを受けたようだった。しかしその理由をぼくは丁寧に説明した。里親の家で生活する主人公は，もちろん里子である。その主人公がいない場で児童相談所と里親が話をまとめてしまったら，あの精神科病院がやっていたことと同じ「本人不在」だ。ぼくが出した「保留」の意味を感じ取り，夫婦がまた一歩成長してもらうことが大事なのだ。ソーシャルワーカーは「いい人」など演じてはいられない。

　里子がまだ言葉の分からない乳児であっても，「どうしてこの家に来ることになったのか」「私たちはあなたの両親ではないが，この家であなたを大事に育てたいと思っている」と里子を迎えたその日から，正直に伝えてほしいと児童相談所は里父母にお願いしている。秘密にしていたために，里父母以外から真実を聞いた里子が傷ついた話を何回も聞いていたからだ。

里親・里子関係

　家庭養育が難しいと判断された子どもは，施設か里親で養育されることになる。児童相談所では毎年夏休みになると，職員が里親子と一泊旅行をする。この短い時間でも日ごろの生活が垣間見えることがある。ある年は海水浴に行ったのだが，その旅行中に信じられない光景を目にした。バスの中で酔ってしまった里子を介抱しているのは職員で，里母はまるで手を出そうとしないのだ。その子どもとは，もう何年も一緒に暮らしていたのにだ。

　同じ旅行のときにはこんなこともあった。子どもたちが海で事故に遭ったら大変だ。ぼくたち児童相談所の職員は，海に入る前の子どもたちにリストバンドを付けてもらった。そして職員も一緒に海には入りながらマン・ツー・マンで子どもたちを見守っていた。里母は？　と思って探すと，彼女たちは連れ立って遊覧船乗り場のほうに向かっている。ぼくたち職員をベビーシッターか，ホームヘルパーのように考えているかのようだった。

　もちろんこうしたエピソードが里親の全景ではないし，心から素晴らしいと思う里親も一杯いた。だが里親制度は児童養護施設と二者択一で存在するという単純な図式であるべきものではないし，常に子どもの立ち位置から見ることが必要なのだと思う。そのころに出会った里子たちは，すでに中年になり自分の家庭を持っているかもしれないが，代理親となった里親との人生は彼らにとってどうだったのだろう。

非行相談のコツ

　大学でぼくが「少年問題」という授業に出ると，森田宗一先生は東京家庭裁判所の判事(裁判官)だった。臨床心理学の教授がその先生と親しかったので，ゼミでは2人一組で少年審判を見学させてもらう機会が与えられた。2年先輩が少年調査官の試験に合格したという話を聞いたとき，その試験の難しさを知っている友人は，彼を尊敬のまなざしで見ていた。ぼくの経験はグリークラブの仲間とカルテットを組み，神奈川県の少年院で歌を歌ったくらいだった。

　それまで受けたことがない相談，それが非行相談だった。ぼくがその相

談のコツを学ぼうとした場面が少年審判だった。判事は少年に敬語で語り
かける。警察官に捕まり「またお前が万引きしたのか」などとさんざ怒ら
れた後で，判事から敬語で語りかけられれば，「この人は自分を一人の人
間として扱ってくれている」と少年は思うだろう。少年の心を開く鍵はこ
こにあるとぼくは思った。

　児童相談所には警察から「児童通告書」という書類が送られてくる。万
引きや車上狙いなどの窃盗が多かったが，その書類がくると，保護者に手
紙を送り，児童と一緒に来談してもらうことになる。そこで「あの方法」
を面接に使ったのだ。非行も表の問題行動で，本体はその裏にある。少年
審判が大人の裁判と大きく異なる点は教育的なかかわりを重視するところ
だ。本来なら大人の裁判でもそうすべきなのだろうが，被害者の立場に立
つ検事はなかなかそういうわけにはいかない。

　児童相談所も法廷ではないので，教育的なかかわりをすることになる。
そして「敬語」で児童に語りかけると，思いがけない展開になったことが
あった。あるツッパリ少年はふん反り返って椅子に座っていたのだが，面
接を終えるころには背筋がピンと伸び，表情も穏やかになった。またある
少年は「じゃあ面接はこれで終わります」と言ってもなかなか帰ろうとし
ないので，「まだ何か話がありますか？」と声をかけると，両手の平をズ
ボンで拭いて握手を求めてきた。

　ツッパリ少年はツッパることで，必死にバランスを取っていることが分
かったし，握手を求めてきた少年との面接では，問題になった万引きより
も彼の興味や趣味，関心事に比重を置いて話を聴いたのだった。人間は間
違いをするものだし，そこから何を学ぶかなのだ。なぜ呼び出されたかは
少年自身が知っていることだし，ここからやり直しモードに入れるかどう
かは，こちらのかかわり方しだいだとぼくは思った。

　小学生のころ，ぼくは「柿泥棒」の一味に加わったことがある。塀は高
かったが「あそこに登れば柿が取れる」と言って，一人が塀によじ登った。
そして柿に手を伸ばした瞬間，なんと中から制服姿の警官が出て来たのだ。
万事休すだ。その警官は「ここで待っていなさい」と言って，中に戻ると
柿を両手に抱えてまた出て来た。「あの柿は渋柿だからね」そう言って彼

は笑うと，持っていた柿をぼくたちにくれた。実はそこは警察の寮だったのだ。あの日でぼくたちの「柿泥棒」は一巻の終わりになった。

今ここで一番ケアが必要なのは誰？

　子どもたちが入所する施設には児童養護施設もあれば児童自立支援施設もあるし，障害児施設もある。精神科病院を探すときにも似たような経験があったが，こちらで希望する所はたいてい空きがない。つまり病院も施設も良いと評価をされている所から定員が埋まってゆくからだ。「空き」があるということは，それなりの理由があるからだろう。そんなとき，ぼくたちソーシャルワーカーは互いに情報交換しながら，少しでも良い処遇をしてくれそうな所を探すことになる。

　ぼくの担当した子どもが，ある施設に入所することになった。大きなテーブルに，児童・保護者・クラス担任・福祉事務所のワーカーとぼくが座ると，寮長のオリエンテーションが始まり，寮母が一人ひとりにお茶を出してくれた。だがその子のお茶がない。ぼくは自分の前に置かれた茶碗を子どものほうにスッとずらした。それを見た寮母はハッとした表情をし，慌てて彼のお茶も用意してくれた。彼女は今ここで，一番ケアが必要なのは誰だか分かったのだろう。

　でも同じような場面で，自分の前に置かれた茶碗を子どものほうへずらしても，何も感じない寮母もいた。そんなときは不安を抱えながら施設を後にした。入所面接の後，「今日からこの寮で生活するんだよ」と寮長に案内されながら子どもと一緒に寮へ行くと，寮母が子どもの名前を言って出迎えてくれたり，下駄箱に彼の名前が貼られていたり，彼の机の引き出しには新しい筆記用具が入っていたりするのを見るとぼくは安心した。

　児童相談所は児童をその施設にお願いしたら，子どもの指導は施設にお任せすることになる。次は家族にかかわることになるからだ。ところがソーシャルワーカーは，入所までに全精力を使い果たしてしまうのが現実だ。子どもの処遇を「施設任せ」にしないように児童養護施設と障害児施設を交互に毎年訪問して情報交換もしていたが，自分が担当していなかった子どもの情報を聞いても十分なカバーはできなかった。

埼玉県川越児童相談所時代37〜41歳（1983.4〜1987.3）

ぼくは子どもを施設にお願いした帰り道にいつも自問していた。「あの親子を引き離さず，家庭生活が続けられるような方法はほかになかったのだろうか」「優秀なソーシャルワーカーだったらどうしただろう」と。ぼく個人の判断ではなく，児童相談所の会議で決めたことではあっても，その子どもの人生に深く影響を与えたことは事実だ。最長でも４年しかかかわれない中で，自分が取れる責任とは何なのだろう？

実母探し

　彼は乳児院に保護されたあと，児童養護施設で生活を続けていた高校３年生だった。ある日「タバコを吸って学校から注意を受けた。そちらの児童相談所から入所した子どもなので指導してほしい」という電話がその施設からきた。もちろんぼくはその子どもの入所経緯は知らなかった。本来なら施設で対応できる問題のはずだが「入所をお願いしたら後はお任せ」という現実に負い目があったので，児童相談所でその高校生に会うことにした。

　児童記録によれば父親のことは不明だった。母親が精神病になって入院し，養育できないというのが保護の理由だ。ここでも目的・期間・プログラムといった相談契約など存在していなかった。精神科病院の長期入院と同じように，長期保護になったのが彼だった。タバコの裏に何かありそうだ。彼は母親に会ったことがなかったのだ。彼の母親は彼の空想の世界にしか生きておらず，母親に会いたい思いを17年間も抱えてきたことが分かった。

　「君がお母さんに会いたいのなら，一緒に探しに行こう。ただお母さんがどんな状況にいても覚悟はしておいてね」ぼくはそう彼に言った。職権で母親の本籍地や住民票を捜し出し，二人で向かった先は横浜の寿町だった。そこは山谷や釜ヶ崎と並ぶドヤ街である。ドヤとは「宿」の逆さ言葉で，ドヤ街とは主に日雇い労働者を対象とした簡易宿泊所が集中する地域のことである。日本の高度経済成長期に建設需要を支えていた人たちが，今そこに住んでいた。

　住民票を頼りにやっと７，８階建のアパートを見つけることができた。

しかし自分の過去など知られたくないからか，どの部屋にも表札などかかってはいない。それでもたぶんここではないかと思われる部屋の前に来た。「お母さんは君のお父さんとは別の人と住んでいるかもしれないし，君が会いに来たことを歓迎しないかもしれない。だからどんな展開になるかは分からない。さあ，どうする？」彼はだいぶ迷ったようだが「このまま帰る」と小さな声で言った。

　この町を歩きながら，彼なりに感じるところがあったのだろう。「この先に中華街があるから，そこで美味しいものを食べていこう」そうぼくは言って彼と歩き出した。彼は無言だった。食事の後でぼくが「君は港を見たことがある？」と聞くと「ない」と言う。「じゃあすぐそこが山下公園だから横浜の港が見えるよ」そう言いながら二人でまた歩き出した。大桟橋には大型の客船が停泊し，海は穏やかな表情を浮かべていた。

生死に直結する相談

　児童相談所で受ける相談はどれも深刻な相談だが，なかでも一番深刻なのが養護相談だ。ある母親は自宅で出産した新生児を生ゴミの日に出そうとした。日ごろからその母親の生活ぶりを怪しんでいた僧侶が，間一髪その子を助けた事件だった。だが「捨て子事件」はこれだけではない。駅のベンチに置かれた紙袋の中で発見された乳児もいたし，夜中に産院に置いて行かれた新生児もいた。施設入所後に面会に行かないケースも「捨て子」と同じだ。

　ある夏の日の夕方，乳児を抱いた男性が児童相談所に飛び込んできた。相談室に招き入れ「母親はどうしたのか」と尋ねると，「家を出ていってしまった」と言う。ミルクをあげた時間を聞くと，次のミルクをあげる時間になっていた。ぼくは哺乳瓶と粉ミルクを持ちながら給湯室に行ってミルクを作ると，数滴自分の腕にたらして熱さを確かめた。驚いたのは哺乳瓶を受け取った父親が，ベビーベッドに寝かせたまま乳児の口に乳首をあてて飲まそうとしたからだった。

　その瞬間ぼくは「アウト！」と思った。彼は自分で育てる自信がないので児童相談所に来たのだが，仕事はパチンコ屋の店員で寮に住んでいた。

だが，その寮にはクーラーがない。そんな所に帰してしまったら熱中症になって命を落としてしまうかもしれない。緊急に所内会議を開き，乳児院で保護することになった。片っ端から乳児院に入所依頼の電話を始めると，やっと一つの乳児院から受け入れてもらえる返事を得た。

　だがその乳児院に行くには車で片道2時間近くかかる。ぼくは車の後部座席に赤ちゃんを抱いた父親を乗せ，エンジンをかけた。その乳児院に向かう間も，その帰り道も，「最低でも月に1回は必ず面会に行くこと」を父親に約束させた。「もしそれを守らなかったら，それも『捨て子』と同じだし，ぼくを共犯者にしないでほしい」と，何度も何度もしつこいほどぼくは言った。そのせいか，父親は面会には行ったらしい。

ぼくが見たいのは病院の証明書

　養護相談の中には，子どもが生まれるたびに施設や里親を考えなければならないケースもあった。家庭での養育が困難だと判断されたからだ。児童相談所の処遇会議で「母親に避妊指導が必要だ」ということになった。問題はそれを誰がするかだった。複雑困難ケースとして関係機関からも問題視されていた家庭だった。結局，担当ワーカーのぼくがその役割を担うことになった。全く気乗りしない仕事だったが，やらざるを得なくなった。

　何回家庭訪問しても母親に会えず，その日の家庭訪問でやっと会うことができた。「子どもを産むのはあなたの権利だが，育てることが困難なら避妊をしたほうがいいのではないのか」そうぼくが切り出すと，「私は病院でちゃんと避妊具を入れている。なんなら証拠を見せようか」と母親は言ったのだ。こうしたしたたかさで関係機関を撃退していたのかもしれない。「ぼくが見たいのは病院の証明書です」そう答えた日から母親には変化が見られるようになった。

　精神保健の分野では，うつの問題がクローズアップされたこともあれば，境界性パーソナリティ障害が話題になったこともあるし，発達障害に関心が寄せられた時期もある。同じように児童相談所でも，現代の相談の中心は虐待問題で「福祉警察」などと批判されることもあるが，その前は不登校の相談が，さらにその前は非行や自閉症の相談が多かったし，障害児の

相談がほとんどだった時代もあった。つまり「相談」は，その時代の社会を反映したものだと言うことができる。

　それはぼくがまだ40歳になる前だったと思う。自分の部屋の書棚から本を探していると，上の段から1枚の紙がひらひらと落ちてきた。手に取ってみると，それはAAのセミナーの案内だった。でもそれをいつ，どこで，誰から貰ったのか記憶になかった。捨てずにいたのは，たぶん行くつもりでいたのだろう。もしかしたらこれは，数年後にぼくがAAと出会う「予兆」だったのかもしれない。こうした「偶然」とは思えない体験をぼくはこの後たびたびするようになる。

埼玉県川越児童相談所時代 37〜41歳（1983.4〜1987.3）

「ぼくを見捨てないでください」

（中学2年・男子・非行）

それは陰謀から始まった

　その年の7月初め，中学校の校長から電話が入った。

　「学校の廊下を自転車で走る生徒がいて困っている。両親が今学校に来ており，相談を希望しているので，そちらに行くように話した」と。

　彼の住む町にある大型スーパーでは，同じ中学校の生徒が店に来ると，店内のBGMが変わるシステムになっていた。それは万引き警戒警報だった。その10日後，彼と両親が児童相談所にやってきた。両親の訴えはこうだ。

　「下級生から金を取り上げたり，授業妨害をしたりするので本当に困っている」。

　相談が始まった2か月後，今度は校長が彼を連れてやってきた。「この子を教護院（児童自立支援施設）に入れてほしい」と校長は言った。所内会議でも彼の処遇は検討されたが，結局その方針になった。だが問題は，その方針を彼が受け入れるかどうかだった。そこでぼくは彼と両親，校長，福祉事務所のワーカーの6人で話合いを持ち，教護院の説明を兼ねて見学することにした。

　その際両親と校長には，入所すれば問題が解決するわけではないことを確認した。国立の教護院は閉鎖性だが，県立の教護院は開放性なので鍵をかけない。彼はそこに入所した。ところがその1年後，施設から児童相談所長あてに，措置変更依頼の文書がきたのである。しかし後から思うと，彼が入所したことで「一件落着した」ようにぼくは思ってしまい，両親に対しても学校関係者に対しても，彼の「問題行動」の意味を一緒に考える努力を怠っていた。

無断外出9回

　開放性の施設では，児童が何回も飛び出してしまうことが珍しくない。女子児童の場合は都内の繁華街に入ってしまうと，見つけ出すことも引き戻すことも難しくなる。しかし男子児童の場合はたいてい地元のコンビニ近くで保護される。腹を減らし，店に搬入するパンを盗もうとして捕まるのだ。話を聴くと，彼はこの1年間に9回も飛び出していた。これはなにがなんでも多すぎる。その理由を彼に尋ねると，驚きの事実が浮かび上がってきた。

　無断外出した子どもは，施設内にある学校をしばらく休むことになる。だから日中は寮長と一緒の時間を過ごすのだが，りんごの皮を剥きながら「何で飛び出しちゃったんだ？」と優しく語りかける寮長もいるし，寮の長い廊下を子どもと一緒に雑巾がけしながら話を聴く寮長もいる。目の高さを合わせることと同様に，こうした「横並び」の関係は，女子の場合にも使える方法だ。台所の流しの前に立って寮母と一緒に料理を作れば，それも「横並び」になるからだ。

　彼を児童相談所に連れてきた校長は「大狸」だった。「おまえが施設に入っても，半月したら俺が出してやる」と彼に口約束していたのだった。彼にかかわった人たちは「教育者のすることか！」と一様に怒った。約束が果たされないことに疑問を抱き，「無断外出」を重ねてゆくようになったのだ。しかし施設も黙認するわけにはいかず，「ここでは保護も指導もできないので，家庭裁判所の審判を仰いでほしい」と児童相談所に連絡してきたのだった。

　少年審判で判事は，試験観察を言い渡した。それは在宅で少年調査官の指導を受けることだ。一方保護司の指導を受けることは保護観察と呼ばれている。試験観察になったのだが，その間に彼は2回もシンナー吸引事件を起こしてしまった。そして少年調査官から児童相談所のぼくのところに電話がきた。「伝家の宝刀は抜かなければ意味がありません」と彼女は言った。それは「少年院に入れる」という意味だった。

彼の口から漏れた言葉

「分かりました。次の審判の前に彼をこちらに寄越していただけませんか」とぼくがお願いすると、「分かりました。本人に児童相談所の吉岡さんのところへ行くように伝えます」と彼女は約束してくれた。今度の面接は今まで以上に重要な面接になるだろう。そう思ってぼくは面接の仕方に思いをめぐらした。児童相談所には乳児や肢体不自由児との面接に使う畳の部屋がある。そうだ！　あの部屋を使おう。そしてその日を迎えた。

緊張した面持ちで彼はやってきた。ぼくは例の相談室に彼を案内すると、低いテーブルを挟んで彼の正面に正座した。彼は今にもぼくが雷を落とすのではないかとビクビクしているようだった。「今度シンナーを吸ったらどうなるか分かっていたと思います。それでも吸ったということは、ぼくの側にも何か問題があるのかもしれません。ぼくと初めて会ったときから今日までのことを思い出して、どんなことでもいいですから言ってください」そうぼくは切り出した。

しかし彼はじっとしたまま何も喋ろうとしない。どれくらい時間が経ったときだろうか。絞り出すような声が彼の口から漏れた。

「ぼくを見捨てないでください。」

ぼくは驚いてしまった。まさか彼の口からそんな言葉が飛び出してくるとは、思ってもいなかったからだ。「ぼくは君を見捨てたりしないよ」そんな短い言葉で面接を終えた。「伝家の宝刀」は抜かれ、彼は北関東にある少年院に入ったが、ぼくは約束どおり彼に会いに行った。

少年院に入ると栄養状態が良くなり、頬に丸みが出てくる。調査官たちはそれを「少年院太り」と呼んでいたが、彼もふっくらした顔つきになっていた。少年鑑別所や家庭裁判所では、子どもたちに読書感想文を書かせる。彼がその両方で書いた読書感想文は、関係職員の感動を呼んだ。失礼ながら一見すると彼は「山猿」のような少年だった。しかし文章表現には、彼の瑞々しい感性がそこかしこにほとばしり出ていたのだ。

内なる狸

ある日、児童相談所の小窓を誰かが叩く音がした。席を立って行ってみ

ると，彼がそこにいて「エヘヘヘヘ……逃げてきちゃった」と言った。ぼくが驚いた顔をしていると，「嘘だよ」と言って笑った。教護院には期間がなかったが，少年院は種類によって期間が決められている。だから中には少年院を希望する子どももいた。ぼくは半信半疑でいたが，彼が少年院でも「あの才能」を発揮したので，早く出てこれたことが分かった。

「これからどうするの？」

「うん。親父の仕事を手伝おうかなと思っているんです」

　その日が彼と会った最後の日になった。彼との相談関係で考えたことがある。子どもから見れば，大人は絶対的優位な立場にいる。それは医療分野でも教育分野でも福祉分野でも同じだ。そこでは「対等・平等・公平」の精神を謳っているが，現実は必ずしもそうではない。そのことは子ども自身がよく分かっている。子どもの感受性が大人のそれをはるかに凌駕しているからだ。

　だが大人のほうはそうした認識が乏しい。あの校長を「大狸」と呼ぶのは簡単だが，ぼくは自分の中にもいる「内なる狸」に気づく必要があるのだろう。

「ここにあるみたいだよ」

（小学5年・男子・被虐待児）

13歳の兄自死

川越児童相談所に異動してから最初に家庭訪問したのが彼の家だった。そこに向かう道もぼくは車で走ったことがなかった。やっとその家を見つけたときには約束の時間を2時間も越えていた。家の入り口でそのことを詫びたが、祖母から大目玉をくらった。それはぼくの過ちだから仕方ないことだった。しかしそのことが祖母との関係を築くきっかけになった。彼の母親は精神科病院に入院しており、父親には酒と暴力の問題があったので、祖母が母親代わりになっていた。

生後まもなく母親が大きな病気にかかった。町役場は「家庭養育困難」と判断し、児童相談所に通告。彼は生後1か月で乳児院に保護され、その後6歳まで5歳年上の兄と一緒に児童養護施設で生活していた。小学校に上がるので家庭引取りにはなったものの、安全カミソリを友達の首筋に当てたり、女の子の髪を切ったり、トイレに連れ込んでイタズラしたりで、学校は彼を持て余し、再び施設収容を希望した。実は家庭内で兄弟は、父親からたびたび折檻されていたのである。

父親は魚釣りによく出かけた。ある朝、兄に「いいミミズを探してこい」と言ったので、兄はミミズを探したのだが釣り餌になるようなミミズを見つけられなかった。すると父親の折檻がまた始まった。耐えきれなくなった兄は近所の納屋に飛び込み、そこで首を吊った。折しもその日は5月5日の「子どもの日」で、兄はまだ13歳だった。彼のイタズラの尻拭いは、いつもこの兄がしていて、兄の優しさは近所でも評判だった。

児童相談所にも立派な玄関がある。でも彼が入ってくるのはいつも児童相談所の窓からだった。「また窓から入ってきちゃったのか」と言っても、そんな行動を止める職員は誰もいなかった。兄弟ともに被虐待児で、家庭環境に問題があるケースとして、小さいころから彼にかかわってきたから

だった。前任者から引き継いだものの、彼にどうかかわったらいいのかぼくには見当がつかなかった。すると彼がヒントをくれた。

ドブ貝取り

「吉岡さんは日曜日はここに来ないんでしょ」「う～ん、そんなこともないけど」たぶんそんな曖昧な返事をしたと思う。「今度、みんなでドブ貝を取りに行くんだけど、行く？」。彼はぼくが付き合ってくれる相手かどうか探りを入れてきた。ここは誘いに乗らないわけにはゆかない。「いつ？」「今度の日曜日」「待ち合わせ場所は？」「○○の角」「時間は？」「朝の9時」「分かった」そんな会話で約束が成立した。

　ドブ貝というのは淡水の大きな貝で、タナゴなどがその貝の中に卵を産みつける。生まれた稚魚はその貝に守られながら成長するのだ。ぼくもときどきその貝を買っていたので、どんな所にいるのか興味が湧いた。ぼくは息子を車に乗せて約束の場所に向かった。そこにはすでに彼の仲間たちが集まっていた。彼が自転車に乗りながら先導し、みんなでその貝がいるという沼に向かった。こんなところに？　と思うような小さな沼だった。

　さっそく細長い棒を片手にみんなが沼に入っていく。その棒を沼底に刺してコツンという音がしたら、そこにドブ貝がいるというわけだ。さっそく彼は貝を見つけ、ぼくも見つけることができたが、保育園に通っている息子は要領が分からずまだ見つけられない。そんな様子を見た彼は、自分が見つけた貝を息子の背後からそっと足元に沈めた。「ぼく、この辺にありそうだよ」そう声をかけられた息子は沼の中に手を入れると、「あった！」と歓声をあげた。彼の優しさを見た瞬間だった。

児童相談所は親の相談所

　児童相談所でもそうだったが、相談内容にどうしても引っ張られてしまう。不登校の相談なら何とかして学校に行けるようにとか、家庭内暴力の相談ならどうやって暴力を抑えたらよいだろうかと。しかし症状や問題行動というのはSOSのサインなのだから、取ればいいというものではない。むしろ取ってしまったら、本体がさらに見えづらくなってしまう。そこに

精神科病院時代に小澤勲先生から学んだ「保障」という言葉が当てはまった。症状や問題行動は保障し，その裏にあるものを理解しようとするあの考え方だ。

　ぼくは症状や問題行動はコインの表であり，その裏に何があるのかを探るようになった。もちろん直線的に聞いたところで，本人自身も分かっていないことが多い。だとしたら，やはり信頼関係を築くところから始めるのが順序だろう。問題点ばかり指摘されたら，誰だって距離を取りたくなる。自分の興味や趣味，関心事に付き合ってくれれば，しだいに深い話もしたくなる。そう思ってぼくは彼にも近づいていったのだった。

　当時の児童養護施設では，全員が高校進学できるわけではなかった。もし高校に進学できたら卒業する18歳まで施設で生活できる。しかしそうでない場合は，中学を卒業したら施設を出なければならなかった。中学を卒業した彼は，飲食店に就職したが長続きしなかったようだ。彼のように就職はしたものの，転職を繰り返すケースが実際に多かった。その後の彼の消息は分からないが，それまでに培った逞しさを人生に活かしてほしいと願うばかりだ。

　看板には「児童相談所」と書かれている。しかし相談を続けてゆくと，子どもの問題は，親の問題に繋がることが少なくない。だから本当は「親の相談所」なのだ。困って相談に来る場合には，親に相談意欲がある。しかし周囲から児童相談所に行くことを強く勧められても，相談意欲がない場合は問題が繰り返され，さらにひどくなる。子どもの精神的回復力（resilience）を高めてゆくことと並行して，親へのかかわり方の工夫や社会的背景を理解することも重要なのだ。

事例6

埼玉県越谷児童相談所時代41~45歳

（1987.4~1991.3）

経験と力と希望の
分かち合い

「食わず嫌い」

　2つ目の児童相談所は越谷児童相談所だった。どこの児童相談所も相談件数が多かったが，当時県内で一番多いのがここだった。ぼくはある日，アルコール相談以上に嫌いだった薬物相談から，とうとう逃げられなくなってしまった。「中卒の娘がシンナーをやめられない」と訴える母親が相談にきたのだ。この母親からスポーツ新聞で読んだというダルクの話を聞いた。ここがぼくのターニング・ポイントになった。

　さっそくぼくはダルクの電話番号を探し，電話した。「そちらの資料を送っていただけませんか」「分かりました」。すぐに届いた資料を読んだぼくは，またダルクに電話した。「一日実習させていただくことはできますか？」「いいですよ」。そう言われてぼくはダルクを訪れた。そこは日本で初めてできた薬物依存症のリハビリ施設で，まだ2年目だった。3階建ての古い倉庫の中に宿泊用の部屋と，ミーティング用の部屋と事務室があった。

　施設長の近藤恒夫さんは覚せい剤依存症から回復してきた人だった。「今日は何のためにここに来たんですか？」鋭い眼光でぼくはそう尋ねられた。「ぼくは相談機関で働いているんですが，薬物相談をどのように受けたらよいのか分かりません。恥ずかしい話ですがそれを教えていただきたくて，ここに来ました」。ぼくがそう言った瞬間，彼のまなざしは急に優しくなった。ぼくは知らなかったのだが，それは「アディクション（薬物）に対して無力を認める」NAのステップ1だったのだ。資料を送ってくれたのはアシスタントのケンさんだった。「こいつは飛べると思って頭痛薬のセデスを100錠も飲んじゃったのさ」そう言って近藤さんは笑った。やがて

ケンさんは次のダルクを作ることになる。

　昼休みになると彼は「めしを食いに行きましょう」と言って自分の車に
ぼくを乗せた。行った先はマックというアルコール依存症のリハビリ施設
だった。ダルク（Drug Addiction Rehabilitation Center）の依存対象
は薬物だが，マック（Mission Alcohol Center）の依存対象はアルコー
ルである。そしてそこのスタッフにぼくを紹介してくれた。皆，アルコー
ル依存症から回復してきた人たちだった。こうしてぼくは同じ日に薬物依
存症の施設とアルコール依存症の施設を両方見学し，そこのスタッフと繋
がりを持つことができた。ここから依存症の回復ネットワークが始まった。

　ダルクのスタッフはNAメンバーだが，マックのスタッフはAAメン
バーである。しかし回復するために使っている「12ステップ」はほとん
ど同じだった。ぼくはマックのスタッフから「ラウンドアップ」^{注)}とい
う大きな集まりに誘われた。しかしぼくはまだ仕事中毒の最中だったので，
スケジュールノートを見ながら迷っていると「一日でもいいんですよ」と
言われた。この「一日」という考え方が，依存症から回復するための基本
になっていたのだった。

　　　注）ラウンドアップ（round-up）とは，放牧していた３歳牛をかり
　　　　　集めて烙印し，囲いでの飼育に移す「収穫の祭り」のことである。
　　　　　アルコール依存症者が自分自身の病気を認め，受け入れ，飲酒の囚
　　　　　われから解放されて生きる喜びを仲間と分かち合う場，それがＡＡ
　　　　　の「ラウンドアップ」（収穫の祭り）である。そこでは広い地域か
　　　　　ら集ってきた，さまざまな回復過程にいる仲間と出会うことができ
　　　　　る。

　一日もやめられなかったのに，一生やめる約束などできるわけがない。
明日また飲んでしまうかもしれないが，でも今日一日ならやめられそうだ。
そして一日一日を積み上げてゆくことになる。ぼくはこの日も激しい頭痛
に襲われていたが，セデスを飲まずに一日だけ参加することにした。でも，
結局３日間その集まりにいた。200人以上も回復を目指す人たちの姿を見
て，ぼくはプログラムを信じられるようになった。援助職の落とし穴は「回
復者を見たことがない」ことだ。ぼくのアル中・ヤク中嫌いは「食わず嫌

い」だった。

AA（アルコホーリクス・アノニマス）

AAは1935年にミネソタ州アクロンという町で生まれたアルコール依存症者たちの相互援助グループである。株の仲買人をしていたビル・Wと外科医をしていたボブが創始者で，世界中にこの回復プログラムが広がっていった。当時の時代背景には1929年の世界恐慌があり，その影響を受けてカリフォルニア州にはさまざまな相互援助グループが誕生した。きっかけになったのは，障害を持つ子どもの親たちが助けを求めたのに，それがかなえられなかったことだった。

もし行政機関や援助職が親たちの持っている力を信じ，反面教師役を引き受けたのだとしたら，それは凄い見立てだっただろう。でも残念なことに現実はそうではなかった。しかしそれが逆に親たちの自立心をかき立て，援助職は愛想を尽かされる結果になった。AAに参加し始めたころ，ぼくは宗教団体の一つかと思った。確かにAAのバックボーンはキリスト教だと思うが，その宗教に誘われることは一度もなかった。

ビル・Wは『ベスト・オブ・ビル』の中で，カール・ユングは「40歳になって，自分が何者であるか，どこにいるのか，どこへ行こうとしているのかが認識できない人は，その程度に差はあるものの，神経症にならざるを得ない」と言っていると書いており，「神経症にならざるを得ない」と言うのは「恐れに支配された状態にならざるを得ない」と解説している。

独立記念日に世界大会

ぼくがAAに出会ったのは41歳のときだったので，ぎりぎりセーフだった。

依存症から回復するゴールを端的に言えば，自立である。自立とは自分の言動に責任を持つことだ。AAの国際大会は5年に一度，7月4日のアメリカ合衆国独立記念日にかけて3日間開かれるが，ぼくも3回参加した。AAは個人の回復のための霊的なガイドラインとして「12のステップ」と，ミーティングの霊的な原理である「12の伝統」をその柱にしている。多

くの依存症のグループは,その一部だけを変えて「12のステップ」と「12の伝統」を使っている。

　日本にもいくつかアルコール依存症者の相互援助グループがあるが,指針などを読むとAAの影響を受けていると思われる箇所がいくつもある。AAはアルコール依存症者の相互援助グループだが,家族の相互援助グループもある。AA以外でも本人と家族の相互援助グループがあり,両方にこうしたグループがあるということは,依存症の影響を受けている人たちも回復に取り組む必要があることを示唆している。

　AAのミーティングに参加を続けていると,ここには「対等・平等・公平」の精神があるとぼくは感じるようになった。ぼくはそれとは逆のことにいつも反応してはスリップを繰り返していた。相手を変えたくて仕方がなかったのだ。「対等・平等・公平」の精神は「12の伝統」の中に盛り込まれており,AAの活動指針になっている。もちろん他の依存症のグループでも表現こそ異なるが,この精神を大事にしている。

　少し先の話になるが,ぼくは1995年の12月に依存症治療で世界的に有名なヘーゼルデン(アメリカ・ミネソタ州)を訪れた。ぼくが最も興味を惹かれた講義は「AAの神髄」だった。"Shared honesty of mutual vulnerability openly acknowledged"(AAの神髄は互いの弱さを正直に分かち合って,公の場で認めること)とアーネスト・カーチ講師が語ったとき,外はマイナス30度の銀世界で研修中は一歩も外へ出られなかったが,その言葉はぼくの心を暖かくした。

4つの要素

　12ステップ・プログラムには4つの要素が入っていた。

　1つ目は聴くことだ。人の話を聴くことはたやすいことではない。しかも90分間黙って聴くのだ。つい何か言いたくなって言えば,論争になる。論争になれば勝っても飲んでしまうし,負けても飲んでしまう。だから伝統には「外部の問題に意見を持たない」と書かれている。言いたい気持ちをじっと抑えるのだ。

　2つ目は話すことだ。依存症者は人前で話せない話をたくさん抱えてい

る。そのために心はどんどん重くなる。ミーティングで仲間の話を聴いていると，自分にも同じような経験があったことを思い出す。そして自分だけではなかったのだと思い安心する。そうすると心に秘めていた自分の話をしたくなるのだ。

　3つ目は読むことだ。『アルコホーリクス・アノニマス』はAAのテキストだが，一人で読むのが億劫でも，仲間との輪読なら容易になる。たとえ間違って読んでも，飛ばして読んでも何も言われない。そのうち正確に読めるだろうと仲間たちは思っているからだ。そして1回，2回では理解できなかったことでも繰り返し読むうちに，そういうことなのかと理解が深まっていく。

　4つ目は書くことである。ステップ4では感情に焦点を当てて自分の人生の棚卸しをする。生育史や家族関係を書き出し，恨みや恐れ，性の問題などを柱にして書く作業をする。1列目は誰に，2列目は何をされたか，3列目にそのことで自分の何が傷ついたのか。そして一番大事な4列目では，ところで自分の問題は何なのかを明らかにするのだ。こうして自分の負債や資産が整理できる。そして仲間が書いた物語を読むと，自分も自分の物語を書きたくなる。

　あるとき，ひとりのメンバーがこんな話をしてくれた。「もし誰かをスリップさせたいのなら簡単さ。3人のうちの2人がぼくと君で，もう1人がいるとする。ぼくは持っていたアメを君にしかあげなかったら，彼はどうなると思う？　自分が貰えなかった悔しさから飲んじゃうのさ。もちろんこんなことはしないけどね」。飲酒と感情の繋がりを端的に言ったのだった。

ソーバー，クリーン，アブスティネンス

　アルコール依存症者に「酒をやめろ」と言うことほどナンセンスなことはない。酒をやめることではなく，酒が必要なことに鍵はあるからだ。AAの仲間同士，あるいはNAの仲間同士の結婚披露宴に招かれたことがある。出席して驚いたのは，どのテーブルにも酒類のビンが並んでいることだった。日ごろから，菓子の包み紙にアルコールという文字がないかど

うか，しっかり確認してから食べている人たちなのに，これはいったいどういうことなのか。結論はこうだ。

「私たちはお酒をコントロールしながら飲むことができません。でもお客さんたちは，コントロールしながら飲むことができるからです」

そう言われて納得した。本来アルコールは薬物の一種なので，日本のようにアルコールと薬物を分けて考えるのはおかしなことなのだ。AAの世界大会で会った現地の人は「俺はクリーンだけど，ソーバーはまだなのさ」と言っていたが，彼も薬物とアルコールを分けて考えていたのだろう。

しかし片方が続いているのなら「素面」ではない。AAやSAでは「ソーバー」と呼び，NAでは「クリーン」，GAやOAでは「アブスティネンス」と呼んでいるが，皆「素面で生きる」という同意語だ。ミーティングでは自分の「問題」を分かち合う。一人では持ち切れない問題も多い。そうした問題をミーティング場で下ろす。誰も口外しないから安全だ。しかし「問題」を話すだけでは「力」を貰えない。その問題の「解決方法」を皆知りたいのだ。

アメリカでミーティングに参加したら，「1人3分だ」と言われて驚いた。日本では話す時間を決めていないところが多いので，長すぎる場合には，司会者から「まとめてください」とか「時間の分かち合いもお願いします」と言われることがある。初めのうちは時間のコントロールもうまくできないからだ。しかし「問題」ではなく，「解決」に比重を置いた話なら，「3分間の分かち合い」でも十分濃密な内容になるし「力」にもなる。

そうしたミーティングには惹きつける魅力がある。

ぼくは何者なのか

AAのミーティングに出たときのぼくは，「AAの友人」つまり［援助者］の一人にすぎなかった。ミーティングに出続けているうちに，ぼくも［依存症者］（性依存症と共依存症）なのだと分かった。さらにミーティングに出続けていると，ぼくの両祖父にアルコール問題があったことも分かった。つまり機能不全家庭の［家族］でもあったのだ。依存症の分野ではアイデンティティ（自分は何者か）を「帽子」にたとえるが，ぼくは本人と

家族と援助者という3つの帽子を持っていたのだった。

AC（アダルト・チャイルド）とは，機能不全家庭で育ち大人になった人のことである。ACは病名ではないが，4つの役割がある。①優等生：外見はしっかりしていて優秀だが，助けを求めたり遊んだりするのは苦手，②順応者：融通性や適応能力があるが，周囲から忘れられがち，③世話焼き：家庭内ソーシャルワーカーとかピエロなどと呼ばれるなだめ役，④問題児：権威に反抗したり，学校や社会で問題を起こすことで，家庭の機能不全を訴える。

こうしたACの役割をぼくも持っているが，ACの特徴は共依存症の症状と瓜ふたつだ。つまりぼくは，3つの帽子のほかに［AC］であり，それでも生きているということは［サバイバー（生還者）］でもあるということだ。問題を持っていない人などいないだろう。ぼくの家庭も問題だらけだ。問題を持っていることが問題ではなく，そこから学ばないことが問題なのだ。自分が生かされているということは，何かやるべきことがあるからだろう。

究極の援助

ある年にぼくは職場の人間関係でつまずき，仕事に行けなくなってしまった。家にいたら子どもたちに心配をかけるだろう。そう思ってぼくが行った先は図書館だった。しかしいつもの7時半に家を出れば，そこには15分もかからずに着いてしまう。開館するのは9時だから，1時間15分も石の階段のところで待っていなければならない。待つことが苦手なぼくにとって，それは拷問のように思えた。でもほかに方法がなければ，そうするしかなかった。

やっと中に入って少しでも今回の出来事を振り返ろうとするのだが，こころのざわめきは治まらない。そこで仕事とは関係ない本を読もうとしたが，目が活字の上を滑ってしまうし，写真集を見ても感動することはなかった。それでもその図書館でぼくは長い一日を過ごさざるを得なかった。そしてその朝も長い時間外で待ち，図書館に入るとぼくの頭にある言葉が浮かんだ。「こういうときは仲間に会いに行けばいいんだ」。

埼玉県越谷児童相談所時代 41〜45歳（1987.4〜1991.3）

ぼくはそそくさと荷物をまとめて駅に行き，向かった先はマックだった。何のアポイントも取らずに行けば，「どうしたんですか？」とか「今日はお休みですか？」と聞かれるのがふつうだろう。でもマックのスタッフは何も聞かず，「今日の司会はぼくなので，好きな椅子に座って聴いてください」とだけ言った。後になって思ったことだが，あれは「援助しない援助＝究極の援助」だった。よけいな手出しや口出しをしてしまう自分にはとても真似のできないことだった。

それでもまだぼくは職場に戻れなかったので，また図書館に行った。売られた喧嘩でも買わなければ喧嘩にはならないし，喧嘩両成敗だから対人関係のトラブルならその責任は半分半分だろう。今まではぶつかった相手ばかりを責めていたが，もしかしたら「自分の側にも問題があるのかもしれない」と，この日初めて思ったのだ。AAで「自分の側の掃除をしよう」と言っているのはそのためだ。焦点を合わせるのは常に自分自身になる。

平安の祈り

相手が帰宅する時間を見計らって，ぼくは謝りの電話をした。すると相手は「私も悪かったと思っています。また仕事に出てきてくれませんか」と言ったのだ。これで終われば「めでたしめでたし」になるが，そうはいかなかった。職場に行き，彼の姿が視界に入るとまた怒りが湧いてきた。彼のほうが何倍も悪いと思ってしまうのだ。そんなとき，ぼくを助けてくれたのは「平安の祈り」だった。ぼくはその小さな祈りを自分の机の角に貼った。

> 神様　私にお与えください
> 自分に変えられないものを　受け入れる落ち着きを
> 変えられるものは　変えてゆく勇気を
> そして　二つのものを見分ける賢さを

その年の12月からぼくはAAのミーティングに定期的に参加するようになった。

「何でみんなこんなに落ち着いているのだろう」

「何でその日に出されたテーマなのに話ができるんだろう」

それがミーティングに出たころの印象だったが，やがてトレーニングによって身についたのだろうと思うようになった。ぼくはもともと酒を飲めない体質だが，2度目に出た日からぼくも酒をやめた。この時期には自分が何の依存症かまだ分かっていなかったが，「言いっぱなし・聴きっぱなし」のミーティング場は，居心地がよかった。あの日からもう35年以上アルコールを口にしていない。

90:4:0

求めてもいないのにフィードバックされるようなミーティングだったら，打たれ弱いぼくは続かなかったと思う。ぼくが「ありがとうございました」と言えば，自分の話を終えることができた。話せずに「パス」と言っても，司会者は「ありがとうございました」としか言わない。「パス」をすると「パス癖」がついてしまうと思ったので，それはやらなかった。ダラダラ会議にうんざりしていたぼくは，時間どおりに始まり時間どおりに終わる会が気にいった。

マックの壁には「回復の三原則」が貼られていて，そこには「心を開くこと・やる気になること・正直になること」と書かれていた。最初の二つは分かるが，なぜ「正直になること」も大切なのか分からなかった。しかしプログラムを続けていくと，依存症を続けるためには嘘の上塗りが何度も必要なことに気がついた。薬物依存症者の一人は「嘘をつかなくなったら，外套を1枚脱いだくらい体が軽くなった」と言ったが，ぼくはその言葉にうなずけた。

週に1回のオープンミーティングに参加するだけでは少なすぎると思ったので，ぼくはラウンドアップに行ってミーティング回数を稼ぐことにした。マックやダルクのようなリハビリ施設に通っている人たちは，1日に3回ミーティングに参加する。依存症者の家族がミーティングに出ていても週に1回程度だろう。援助職に至っては，ミーティング場でほとんどその姿を見かけない。だからミーティング参加回数を月で比較すれば，依存

症者：家族：援助職は90：4：0になる。

　AAのセミナーにゲストで招かれたある精神科医は，「本人・家族・援助者の順に回復が遅い」と言った。ぼくは聞き間違えたかと思って，次に彼に会ったときそのことを確認すると「本人・家族は回復するが，援助者は回復しない」と言ってニヤリと笑った。ぼくはこの喧嘩を買うことにした。日本で初めて，いやおそらく世界で初めてになる援助職の相互援助グループを仲間と立ち上げた。前述したが結果は残念ながら，彼の言うとおりになってしまった。

ラウンドアップは「節目」

　春と秋に開かれたAAの関東甲信越ラウンドアップは，ぼくにとって節目になっている。最初のラウンドアップでアルコール依存症者や薬物依存症者の回復を信じられるようになった。その後，ぼくが最後のスリップをしたのもラウンドアップだったし，スポンサーを見つけたり，性依存症の仲間からメッセージを貰ったり，左顔面麻痺からの回復を実感したりしたのもラウンドアップだった。ミーティングに出た回数は，確かに回復を裏づけるものになる。

　熱心なソーシャルワーカーの安斉秀宏さんに会ったのは，長野のラウンドアップのときだった。「院長からラウンドアップに行って，友達を探してきてくださいと言われたんです」。そう恥しそうに言って，彼はパンチパーマの頭を掻いた。ぼくは千曲川で取ったウグイを死なせないために，タンクにエアポンプを付けていた。同室だった3日間はブクブクする音が彼の睡眠を妨げたはずだが，彼は何も言わずに笑って受け入れてくれた。

　後に彼は癌で亡くなってしまったが，赤城高原ホスピタルに入院中にAAミーティングに送迎してもらった患者は大勢いて，彼の功績は多大だった。彼もアルコール依存症者の回復を信じた一人だった。「今苦しんでいる仲間」にメッセージを運ぶことがAAの目的である。ぼくの役割のひとつは援助職の仲間にメッセージを運ぶことである。この本もそうした思いで書いている。メッセージの方法はたくさんあるだろうが，そのチャンスはいつどこにあるか分からない。

スポンサーシップは「仮縫い」から

　先に12ステップ・プログラムに繋がった仲間（スポンサー）が，後からこのプログラムに繋がった仲間（スポンシー）との間で結ぶ関係のことをスポンサーシップと呼んでいる。だからスポンサーとは経済的援助をしてくれる人のことではなく，大学の指導教官（メンター）に近いかもしれない。信頼関係を築くためには，それなりの時間が必要になる。それはスポンサーにとっても，スポンシーにとっても同じだ。だからスポンサーシップも最初に約束事を慎重に決めたほうがいい。

　ぼくも埼玉，千葉，東京，神奈川とスポンサーを探し歩き，やっと見つけた。いきなりスポンサーを確定してしまうと，どちらかが互いの関係に疑問を抱くようになったとき，収拾がつかなくなることがある。だから洋服の「仮縫い」のように，いつでも元に戻せる「仮契約」にしたほうがよい。どちらかがこの関係を解消したいと思えば「仮契約」なのだから後腐れはない。スポンサーがカウンセラーと違うところは，自分の経験から導いた「提案」しかしないことだ。

　ぼくが性依存症者の世界大会に参加したとき，受付に「テンポラリー・スポンサー（一時的なスポンサー）を希望する方は，胸に☆のマークを付けた人にご相談ください」と書かれた掲示を見たことがあった。それは大会期間中は一時的なスポンサーを引き受けるという意味だった。こうした大会のときには気分が高揚して，スリップすることがよくあるからだと説明された。「仮のスポンサーシップ」は日本でも使うとよいのではないかとぼくは思った。

疑似親子関係

　ぼくたちの人間関係は生まれた家族の中から始まる。成長するうちに人間関係に課題が出てきて，カウンセリング場面に登場することもある。ぼくがカウンセリングを習った先生は「カウンセリングで扱うのは，結局原家族問題だ」と言っていた。自分の経験でもそのとおりだと思っている。これはぼくの個人的感想だが，スポンサーとスポンシーの関係は「疑似親子関係」とも言える。自分と父親との関係や，自分と母親との関係を見直

す機会にもなるからだ。

　こうした「疑似親子関係」は，スポンサーとスポンシーの関係だけでなく，カウンセラーとクライアントや，スーパーバイザーとスーパーバイジー，教員と学生，師匠と弟子でも同じだ。刑務所では工場長のことを，受刑者はまさに「オヤジ」と呼んでいる。自分の気持ちを言い切ったり，伝え切ったりすることはたやすいことではない。「切った」後で自分がどのような返り血を浴びるか怖いからだ。スポンサーシップはそうした怖さに向き合う練習にもなる。

　棚卸しには日々の棚卸しもあるし，スポットチェックという部分的な棚卸しもあるが，12ステップ・プログラムを順番に踏んでゆくと，ステップ4で人生の棚卸しをする。自分の生育史を辿りながらエピソードの裏にある感情に光を当ててゆく作業だ。恨みや恐れ，性の問題などを1列目から順番に書き出してゆく。誰に何をされて自分の何が傷ついたかだ。しかし大事なことは4列目の，ところで自分の問題は何かである。その話を聞いてくれるのがスポンサーだ。

　相互援助グループではミーティングで仲間たちと経験を分かち合い，個別的場面ではスポンサーシップを結ぶ。それと並行したカウンセリングなら相乗効果によって自己理解が深められる。また依存症のリハビリ施設でプログラムが体系的に整えられてゆけば，成長や回復がさらに進んでいくだろう。このような重層的で多面的な援助活動は，ほかの病気や障害に苦しむ人たちにとっても，大きなヒントやメッセージになるに違いない。

世界共通のプログラム

　1988年7月に「ホノルルで開かれるWestern States Unity Convention VというNAの国際大会に行こう」とぼくはスポンサーから誘われた。ハワイには行ったことがなかったし，どんな大会なのだろうと期待に胸を膨らませた。しかし観光するだけではもったいない。それで以前雑誌で読んだ「薬物依存症者の家族の集まり」について情報を得たいと思った。NAの大会が開かれているホテルで現地のNAメンバーたちにその話をすると，その中の一人が情報を見つけてくれた。

同じホテルで「薬物依存症者の家族の集まり」をしているというのだ。さっそくその部屋に行き，責任者を紹介してもらった。彼女はホノルル市内で開かれているミーティングや，薬物依存症を治療する病院などにぼくを連れて行ってくれた。その経験が，後に日本初の「薬物依存症者の家族の集まり」に繋がってゆく。帰りの飛行機の中でNAの仲間から「仕事中毒の1週間だったね」と笑われたが，確かにそのとおりで，ぼくは毎晩NAのミーティングにも出ていたからだった。

　この後から依存症の国際大会に参加する機会が急激に増えていった。そこで見聞きした回復プログラムは世界共通のものだった。

　　1990年7月　　AAの55周年世界大会（シアトル）
　　1995年1月　　SAの世界大会（オレンジカウンティ）
　　1995年6月　　AAの60周年世界大会（サンディエゴ）
　　1997年7月　　SAの世界大会（レジャイナ）
　　1999年1月　　SAの世界大会（サクラメント）
　　2000年6月　　AAの65周年世界大会（ミネアポリス）
　　2008年7月　　SAの世界大会（アクロン）
　　2010年7月　　CoDAの世界会議（カルバーシティ）

アノニミティ（無名）

　「無名であることはAAの霊的な基盤となっている。一人ひとりが無名にとどまることによって，AAの集まりを個人支配から免れさせ，AAの回復・一体性・サービスの原理をあくまでも優先させることを可能にする。AAは同等の立場の人間の集まりである。（中略）新聞・ラジオ・テレビ・映画など，マスコミや公の場でAAメンバー個人の名前を出すことはない。このようにして，メンバーのプライバシーは守られ，さらには，個人として認められたいというエゴに歯止めがかけられ，全員が平等であることが明確にされる」

　AAの40周年記念プログラムにはこのように書かれている。アルコホーリクス・アノニマスは「無名のアルコール依存症者たち」という意味だが，

たまに「匿名のアルコール依存症者たち」と書かれているものを読む。「匿名」はただ単に「名前を伏せる」だけで，「無名」とは全く違う。「対等・平等・公平」はAAの精神だが，他のアノニマス・グループでもこの精神は同じだ。こうしたことを知ったとき，ぼくはこのグループ活動にますます惹きつけられた。

　回復プログラムに12ステップを使うグループでは，「アノニマス・ネーム」でメンバー同士が呼び合っている。アメリカのミーティングに参加したときは，メンバーがファースト・ネームを使っていた。日本でもアルコール依存症や薬物依存症から回復してきた神父たちがそうした呼び名を使うので，日本人メンバーも似たような呼び名を使うようになったらしい。

　ぼくもAAのミーティングに通い始めたころは，どんな名前がいいのか迷い，とりあえず「ヨシ」というアノニマス・ネームにした。外国のミーティングで「YOSHI.」の意味を聞かれたら，「I'm OK, You are OK.」と言えば簡単だと思ったからだった。やがて，権威や権力的なものと戦っては満身創痍になり，鎮痛・麻酔薬を《必要》とするパターンにぼくは気がついた。そこで戦いを回避するような名前はないかと考え，現在のアノニマス・ネームに変えた。

「ターニング・ポイント」
（中学卒・女子・シンナー依存症）

問題の発生

「娘は中学校を卒業後，父親の仕事を手伝っていたが長続きせず，半年前には横浜に1週間家出。その間にシンナーを覚えてきた。その後も家出を繰り返し，先日は紙袋の中にシンナーの缶があった。警察にも相談したが『現行犯でないと駄目だ』と言われた。昨日は溜まり場でシンナーを吸っているところを父親が目撃。父親は感情的になり『電話番号を変える』と言っているが，そういう方法で解決できるとは思えないので，相談に来た」と母親は語る。

母親は話を続けた。「それまではバスケットボール部に入り，レギュラーだったのだが，娘ともう一人の部員がそのことにいい気になっていたため，仲間から『わがままだ』と言われてしまった。二人は謝ったが，娘のほうは中2の終わりに部活を辞めてしまった。仲間外れにされたことに耐えられなかったためで，以来非行傾向にある友達と付き合い始めた。私は時間があり過ぎるためだと考えて塾に行かせたが，塾の帰りにもどこかに寄ってくるようになった。

10月ごろ，娘ともう一人が学校に来ていないが，二人一緒ではないのか，と学校から連絡がきた。そのときは，その友達が夜こっそり娘の部屋に来て泊まっていたのだった。『制服がないから明日は登校できない』と友達が言うと，娘も『それなら私も行かない』と言って二人で休んでいたことが分かった。その後もこうしたことが繰り返された。中3の終わりごろには，遅刻して登校し，そのまま教室には入らず保健室にいるということもあった」。

彼女の「問題行動」には，怠学，服装の乱れ（靴を潰して履く・スカートのひだをとる・パーマをかける），喫煙，外泊などさまざまなものがあった。いちおう高校への進学を希望したが，入学試験に落ちたため父親の仕

事を手伝うようになった。

　仕事が続かない理由は，父親と意見が対立したり，外泊したり，生活が乱れたりするためだった。同じ中学校の不良仲間には「シンナー吸引はご法度」という掟があったのだが，彼女がその掟を破ったためヤキを入れられたこともあった。

母親は精神科で治療中

　胎生期・出生時ともに特記すべきことはない。しかし乳幼児期に体重の伸びが悪いことに母親はショックを受けて，育児ノイローゼになった。このころ父親は仕事をしておらず，母親は心身両面で疲労していた。母親は彼女を出産した病院に行き「育児に自信がない」と訴えると「うつ病じゃないか」と言われた。母親は落ち着かず自宅と実家の行き来を繰り返していた。彼女の発育は順調だったが，翌年妹が生まれると再び母親は自信をなくし，自殺企図。

　母方祖父が大学病院の精神科に受診させると，躁うつ病の診断だった。その後3年ほど通院し薬物治療を受けていたが，30代中ごろに再び「うつ期」に入ると2回目の自殺企図があり1週間入院。その後も睡眠導入剤の多量服薬が何度もあり，2年ほど前からは地元の精神科クリニックに通っていた。母親は表情ひとつ変えずに自殺企図の話をするので，「その話を聴いてもいいんですか？」とぼくが確認する場面もあった。

　幼稚園は途中で変わったので心配したがしだいに慣れた。小学校時代は少し消極的な子だったが，明るくて友達は大勢いた。成績は中ぐらいで，スポーツが得意だった。習字で選ばれたり，算盤は3級まで取った。中学1年のときの担任は「思いやりのある子どもだ」とプリントに書いてくれたので，母親は嬉しかったという。バスケットボール部に入り，朝練もあって大変だったが，よく頑張っていた。2年生の夏からレギュラーになり，駅伝の選手にも選ばれた。

ダルクとの出会い

　父親と母親は同じ中学を卒業し，仕事の関係で知り合って結婚。父親の

仕事が不安定だった時期と，母親の自殺企図の時期が重なっているので，「うつ病」だけがその原因ではないかもしれない。母親には精神科クリニックでの治療を続けてもらい，ぼくは娘のほうの相談を引き受けることにした。だが具体的な援助方法を知っているわけではなかった。薬物の相談には積極的にかかわってこなかったからだ。しかしそれでも重い腰を，とうとう上げざるを得なくなった。

　彼女は児童相談所に来てくれたが，それは数回だけだった。母親は「クリニックでは相談する時間をとってもらえない」と言うので，母親の相談も受けることにした。ある日の家庭訪問で母親から見せてもらった新聞記事にダルクのことが載っていた。そこからぼくはダルクやマックに繋がり，依存症の相談方法を学ぶようになった。ぼくの「アル中・ヤク中嫌い」を変えたのは，彼女と彼女の母親だった。そしてこの相談がぼくの「ターニング・ポイント」になった。

事例7

「夜間中学の灯」
（中学2年・女子・不登校）

「いい子」がスタート

　彼女には胎生期も出生時も特記すべきことはなく，初語は1歳前，初歩も1歳を少しすぎたころで，発育にも問題は見られない。区内の幼稚園に2年間通い，友達も多く登園を嫌がるようなことはなかった。就学前の大きな怪我や病気もない。小学校は地元の小学校だったが，2年生の2学期に現在住んでいる町の小学校に転校。6年生の2学期に住居も移し，さらに転校したので卒業するまで学区外通学をしていた。

　そのため彼女は友達が全くいない中学校に通うことになった。一時は同じ中学校に通う友達ができたので，新しい中学校に通う気にもなったのだが，小学校の友達が通う中学校への未練は捨て切れなかった。テニス部に入ったものの朝練があったり，貧血や低血圧もあって1年生の2学期から断続的な不登校が始まった。3学期は1日登校しただけだったので，1年生のときの欠席日数は83日。2年生は4月から全く登校できていなかった。

　彼女は小さいころから几帳面で，宿題をやり終えないと，夜遅くになっても眠れなかった。翌日の準備ができなくても眠れないし，翌日回しができない。忘れ物は滅多にしなかった。長女として弟や妹の面倒をよくみる「いい子」の仮面は幼少期に付けてしまったかのようだった。母親は熱心に児童相談所に通い，父親も2回相談に来たが，起業した仕事を軌道に乗せることで精一杯のようだった。

電話で結べた細い糸

　3月に入り母親が学校に行って担任と会うと「進級会議はまだだが，2年生になって1日も登校していないので，進級は難しいだろう」と言われてしまった。その月が終わりに近づくころ，担任から自宅に電話があり「進級できない」と言われたという。しかし実は担任も親もそのことを本人に

伝えていなかった。ぼくは学年末に中学校を訪問し，校長に面会した。しかし校長はぼくの挨拶にろくな挨拶も返さず，ワープロの作業を終えるまでその場にぼくは待たされた。

　ぼくがこの間の相談経過や本人の変化などを話しても，校長は一向に関心を示さなかった。

吉岡：進級問題は学校の判断に任せるしかないが，本人の回復が進むような配慮（進級）をぜひしてほしい。ただこの件については本人の希望を確かめることが，もちろん優先されるが。

校長：1．児童相談所に子どもが通っているのなら，通った日を「出席扱い」することはできるが，親だけが通っているのでは「出席扱い」するわけにはいかない。

　　　2．本人を進級させても登校は難しいだろう。

　　　3．今年度の出席はゼロなので，判定会議で留年になった。

　　　4．本人は医療機関に繋げたほうがいい。以前同学年の子を国立病院の中にある中学校に入れたことがあった（ただしこのケースは入院後も不登校）。

吉岡：これから家庭訪問するが「国立病院に入院するのなら2年生を修了扱いにするが，入院しないのなら留年だ」というのはおかしくないか。こんな話は本人に伝えられない。担任だって困るだろう。

校長：う〜ん（と唸る）。結論としては仮進級するしかないだろうが，また1年間この状態が続いたら，そのときは除籍する。

　中学校までは義務教育なので，よほどのことがない限り，除籍にはできない。校長の言葉は，まるで脅しだった。それまで電話だけの関係だったが，それでもそれが下地になっていたため，この日初めての家庭訪問でぼくは彼女に会えた。そしてここから家庭でなら彼女と話ができるようになった。児童相談所での母親面接はこのあとも続いていった。

　不登校の子どもへの対応方法は相談機関と教育機関では対照的である。相談機関は本人が学校に関する話題を出してくるまで，学校の話は決してせず，ひたすら「そのとき」を待っている。一方教育機関は「義務教育」という御旗を振って，その路線に強引に乗せようとする。子どもの「学ぶ

義務」を主張するが，学校に行けない子どもを「教える義務」には無頓着だ。「児相は甘い」と言われたことがあったが，そう言うのは不登校がSOSの一種だと思っていないからだ。

情報収集

　彼女は仮進級にはなったが，依然として登校できずにいた。そして年が明けた1月。相談に来た母親から重要な情報を得た。「やり直しができるならしたい。夜間中学に関心がある」と言っているというのだ。「隣町に夜間中学があると聞いたので調べてほしい」と母親は言うので，「調べるのは簡単だが，次の家庭訪問のときに彼女と一緒に調べたほうがいい。そういうことを一つひとつ積み重ねてゆくことが大事だと思う」「確かにそうだった」と母親は納得した。

　ぼくは彼女と一緒に地元の教育委員会に電話し，夜間中学の情報を得た。その中学校には帰国子女のクラスと日本語クラスがあり，見学の希望や相談は直接その学校に聞いてほしいと言われる。その情報では義務教育年齢の15歳を過ぎていることと，学校から就学猶予か就学免除になり，除籍扱いされていることが必要だと言われた。校長から「除籍」の話が出たとき，とても教育者の言葉とは思えず，怒りが湧いたが，今度はそれを逆手に取ることができる。

　除籍が必要だというのだから，いっそのこと除籍してもらおう，そうぼくは思った。以前，形だけでも中学の卒業証書を貰ってしまうと，夜間中学を利用できないという話は聞いたことがあった。不登校の中学生の場合，形だけでも中学の卒業証書を貰ったほうがいいのか。貰えば学校との縁が切れてしまい「厄介払い」されてしまう可能性もあるので，貰わないほうがいいのか。この問題は児童相談所内でも意見が分かれた。

　彼女のいる前で，さっそく夜間中学に電話すると，「4月から東京都に住むことにしているとか，勤めることにしていると言えば，不登校の子でも受け入れられると思う」という知恵をその先生から授かった。先生は「毎日午後5時半から9時までの間なら，いつ見学に来てもいいし学校要覧もあげられる。約束した日に来れなくてもいいですよ」と言った。あの鷹の

ような眼をした校長とは，なんという違いだろう。この先生は教育者だとぼくは思った。

夜間中学校見学

　その1週間後，ある駅のプラットホームで彼女と会う約束をし，一緒に夜間中学を見学することになった。「まず行動してみよう」と言ったぼくの言葉に彼女はうなずいたからだ。その夜はあいにく雨になったが，彼女は20分以上も前からその駅のベンチで待っていたことが分かった。失礼なことを言えば，ぼくは希望は持っていたが，期待はしていなかった。期待は恨みに変わりやすいからだ。校門をくぐるとグランドでは，サッカー部が雨の中で練習試合をしていた。

　電話に出た先生が「職員会議なので30分ほど教室で待っていてほしい」と言うので待っていると，18, 9歳くらいから50〜60代と思われる女性たちが教室に入ってきた。そして皆教科書を開いている。つまりこのクラスの生徒なのだ。「この中学校は学力別にクラス編成する。帰国子女のクラスと日本語クラスを合わせると全部でクラスは6つある。定時制ではないので3年間で卒業するが，卒業証書に夜間であることは書かない」と先生は説明し，話を続けた。

　「年間の費用は給食費の15000円くらいと生徒会費の1000円くらいで，教科書は無料。数学のクラスに生徒が7〜8人いるが，2人を除いた残り全員がかつて不登校児だった。卒業後，普通高校に行ったり定時制高校に行ったりする生徒もいる。能力的には高い子が多くて優秀。昼間働いていない生徒も多い。手続きするには3月の早い時期に教育委員会に行くこと」。先生の説明を聞いた後，数学と理科の授業を一緒に見学し，職員室に戻ってくるとぼくたちの給食まで用意されていた。

援助者の役割

　傘をさして並んで帰る道すがら「今日行った学校はどうだった？」とぼくが尋ねると，「私がいた世界とは別の世界があった。夜間中学の灯は暖かく，先生たちは金八先生みたいだった」そう彼女はつぶやくように言っ

た。ぼくの仕事は彼女を再び学校に戻すことではない。彼女と同じ状況の中から回復したい仲間たちに会うためのお手伝いだ。彼女は自分で夜間中学に行く意思を示した。

するとこんな話が耳に入ってきた。地元の教育委員会と夜間中学のある町の教育委員会とが激しくぶつかったというのだ。詳しいことは知らないし，ぼくには関心もない。もし彼女の利益のために協力する気持ちがあったら，衝突などするはずがないからだ。新しい中学校の2年生になった彼女は卒業するまで1日も休まず，アルバイトをしたり，友達と遊びに出かけたりして楽しんでいるという手紙が母親から届いた。卒業すると彼女は定時制高校に進学した。

ところで彼女が「不登校」という形で訴えていたものは何だったのだろう。彼女が2歳のときに弟が生まれた。ちょうど甘えたい時期だ。しかしそれは弟に横取りされてしまう。そのころからあまり手のかからない「いい子」がスタートする。「不登校」が始まったころは「第二次反抗期」と呼ばれるが，大事な自我が芽生える時期である。やっと「いい子」を卒業する時期だったのだろう。だが教育制度はそんな彼女の心の成長など考えてはくれなかった。

親子を視野に入れたかかわり

彼女はぼくには見えない潜在した回復力を持っていた。昼夜逆転の生活が続き，児童相談所に来ることはなかったが，母親が相談に通い続けたことがその回復力をさらに高めることになった。電話で結べた細い糸が，やがて家庭訪問の下地になっていった。受容体験の乏しさに加えて几帳面な性格や，大人の気持ちを先取りする感受性の鋭さも，不登校を作り上げる要因になっていったのかもしれない。

「児童相談所では，不登校をはじめとしてさまざまな相談を受けますが，どれも子どもたちから発信されたSOSだと考えています。その背景には独力で解決できる範囲を越えた問題があったり，一度にいくつもの出来事が重なっていたり，支え手が誰もいなかったりすることも珍しいことではありません。私たちはまず子どもなりの表現方法を保障し，現象面だけを

事例8

111

見て対応を急がないように心がけています。(以下省略)」

　ぼくは後方から支援するために，あの校長にこんな手紙を書いた。しかし何の返事もなかった。でもそれが彼の返事だったのだろう。ソーシャルワーカーは，周囲の人間に対してもエネルギーを使わなければならないが，当事者である彼女とその家族に最大限のエネルギーを投入できたのはよかった。彼女は意識していなかっただろうが，在籍した中学校は彼女から愛想を尽かされたと言えるかもしれない。ぼくもそうされないようにしたい。

埼玉県立精神保健総合センター時代45~51歳

（1991.4~1997.3）

すると竿先が
みるみる引き込まれ

なだいなだ先生

　最初の2年間は相談部にいたので精神衛生センター時代の4年間を加えると，通算で6年間この部署で活動していたことになる。この時代から依存症関係の本を書くことが多くなった。やがて雑誌などにも自分の物語を書いたり，講演や講義などで自分の物語を話す機会もしだいに増えていった。「自分の物語を書くといい」と助言してくれたのは，作家で精神科医の堀内 秀 先生だった。

　ぼくの最初の物語は『My Story』だが，先生に解説を書いていただいたものだ。ぼくが学生時代に能登半島へ一人旅に出かけるとき，旅行鞄に入れたのは先生が書いた『娘の学校』だった。なだいなだというペンネームを見たとき，変わった名前だなとぼくは思った。先生は「スペインの詩人ガルシア・ロルカの詩が心に残ったので，スペイン語を勉強し『なにもない』の意味の『ナダ』というスペイン語を借りることにした」と著書に書いている。つまり「なだいなだ」とは，「何もなくて，何もない」という意味である。先生には拙著『依存症―35人の物語』の巻頭に「体験記を書くことの意味」の原稿をお願いした。

　その後ぼくは先生から『アルコーリズム―社会的人間の病気』の解説を書く機会をいただいた。そして『アルコール依存症は治らない―《治らない》の意味』は，先生との共著になった。ぼくが先生の本を数多く読んできたのは，仕事上での共通点がたくさんあったからだが，先生の人間観に深く共鳴したからでもある。そしてぼくは半ば強引に指導をお願いした。

「我々が知っていることはほんの少しだけだ」

　オープンして2年目の総合センターにぼくが転勤したとき，そこには以前対立関係にあった元所長がいた。ぼくが最初にしたことはその所長に謝罪することだった。やりたくないことは，たぶんやるべきことだし，自分を変えるチャンスにもなる。そう自分に言い聞かせて彼の部屋に行った。もちろん彼はぼくが転勤してくることを知っていたし，そこで表面的ではあったが「和解」ができた。ぼくはこのセンターの相談部で2年間，診療部で4年間，彼の下で再び仕事をすることになる。

　精神衛生センターにいたころは，スタッフが複数の保健所に「技術協力」という形で月に数回ずつ派遣されていた。このセンターの相談部でもそれは行われていたので，ぼくも月の4分の1は保健所に出張していた。2年後，希望したアルコール病棟の担当になった。入院目的はアルコール依存症および薬物依存症からの回復。入院期間は3か月。治療方法は久里浜方式という堀内先生が考えたものだったので，ここには「40年の悲劇」はなかった。

　それまでにAAやNAなどの相互援助グループや，マックやダルクなどの依存症リハビリ施設とのネットワークがかなりできてきていたし，回復プログラムについても多少知識を持てるようになっていた。だからアルコール病棟で早く仕事をしたいと思っていたのだ。新入院患者の面接のときは，この患者は回復しそうだとか，無理そうだとか，勝手に考えていた。それが実は大きな間違いだった。

　回復しそうだと思った患者が重症の患者だったり，回復しそうもないと思っていた患者にAAのセミナーで会うと，「酒をやめている」という話を聞いたりしたのだ。『AA』にも「我々が知っていることはほんの少しだけだ」と書かれている。「対等・平等・公平」を考えていたはずなのに，ぼくは真逆のことをしていた自分を恥じた。そこからぼくは平等なサービスを心がけるようになった。回復するかどうかから手を放したとき，ぼく自身も解放された。

水を得た魚

　精神保健総合センターにもアル中嫌いの医者はいたし，アルコール病棟は他の職員から一種独特の目で見られていた。希望して勤務するなどということが，とても理解できない職員もいたのだろう。アルコール病棟では確かに事件が多く起きた。ヤクザが自分の女を奪還しようとして車で飛び込んできたり，エイズの疑いがある患者が女性患者とトイレでセックスしたり，病棟で酒を作ろうとしたり，退院したら主治医とぼくを殺そうと企んで日本刀を用意したり……。

　ぼくは病棟婦長と相談しながら，病棟の壁に相互援助グループの情報を貼ったり，スタッフと一緒にAAのセミナーやオープンスピーカーズ・ミーティングに参加したりした。外来では診察を待つ患者たちと，毎週火曜日の午前中にAAのミーティングを模したようなミーティングを開いていた。ぼくは水を得た魚のようだった。

　外来婦長も協力的だったので，外来看護婦もAAのセミナーなどに参加するようになった。病棟と外来の連携でアルコール依存症者への援助はどんどん進んでいった。

　アルコール依存症者にとって年末年始は，1年で一番危険な時期になる。それなのに公的なミーティング会場が使えないので，デイケアの調理室でミーティングをさせてもらえないかという話がAAからきた。さっそく事務局に交渉し，1月2日の当直はぼくを入れてもらうことで調整できた。

　その日は調理室でお汁粉を作り，みんなでそれを食べながらミーティングをするので，外泊許可がまだ下りない患者も担当看護婦と一緒に参加できた。飲んでいるアルコール依存症者は心の中で，酒を手放さなければいけないという気持ちと，でも手放したら死んでしまうという気持ちが闘っている。手放せば回復できるのだが，それが反対になっていることがまだ分からない。アルコールを飲み続ければ，男性は50代の前半で，女性は40代で命を落とすことになる。

　外来には酒をやめたいと思って来る患者もいるが，家族に無理やり連れてこられる患者もいる。「テメエが働いた金で飲もうと死のうとオレの勝手だ！」そんな威勢のいい啖呵を聞かされると，初めのころは何と言えば

いいのか分からなかった。やがて「あなたの言われることはごもっともです。ただ，酒が原因で傷つけてしまった人への埋め合わせはどうしましょうか?」そう言えるようになった。するとさっきまでの勢いはどこかに消えてしまうのだった。

夫－酒＝ゼロ

「酒こそ我が命」と思って生きてきた人から酒を取り上げようとすれば，抵抗にあうのは当然のことだ。やめたくない気持ちからやめたい気持ちにどうやって比重を移してゆけばいいのか，そこが医療者と患者が協働する地点になる。病棟婦長から「患者の否認を取るいい本はないかしら」と聞かれたので，ぼくは『イソップ物語』を勧めた。あの中にある「北風と太陽の話」は援助職にとって最高の参考書籍だと思ったからで，否認は半分認めているということなのだ。

　診察場面では夫と並んで座っていた妻が，こんなことを言ったことがあった。「この人からお酒を取ってしまったら，何も残らないんです」そう言って彼女は薄く笑った。夫－酒＝ゼロ。そんな夫との生活にこれまで疑問を持ったことはなかったのだろうか。夫の問題は酒だが，自分の問題は何か考えてもらうことが，援助職の仕事になる。本人と家族が並行して回復プログラムをやっていけば，それぞれの実りある人生がその先で待っているはずだ。

　「この人には『今度お酒を飲んだら離婚する』と何回言ったか分かりません」そう話す妻もいた。

　「ご主人は約束を守らないんですね」「ええ」「で，離婚したんですね」「いいえ」

　そう答えている妻は，自分も約束を守っていないことに気づいていない。「離婚すると約束したのなら，あなたも離婚しなければいけませんね。離婚する気がないのなら，そういうことは言わないことです」そう医者にたしなめられて，自分も同じことをしていたことに，やっと気づいたようだった。

　それでも彼女は「私を取るのか，酒を取るのか」と夫に迫ってしまう。

もし「夫にとって酒は命だ」と理解していたら，あるいは「酒に対しても，夫に対しても自分は無力だ」と認めていたら，こんな質問はしないはずだ。なぜならそんなことを言ったら，自分がみじめになるだけだからだ。最初から夫の答えは決まっている。「酒を取る」と言われて妻は愕然とするが，それは妻の存在を否定したわけではなく，アルコール依存症という病気が言わせることなのだ。

「悪魔のささやき」はスリップの前兆

　酒をやめることは簡単だから何度でもやめる。しかしやめ続けることは難しい。それはヤクブツも同じだ。ヤクブツ事件で捕まると，「あんな所に隠していたから見つかっちゃったんだ。今度は隠す場所をもっと考えよう」そう後悔する。でも後悔と反省とは違う。反省には解決行動が伴うものだからだ。自分にはなぜヤクブツが《必要》なのか，それを二度と使わないためには何をすればよいのか。そう考えられれば，相談や治療場面に登場することになる。

　依存症は「自己治療」なので，否定的感情を鎮痛・麻痺させたいときに使われるのが一般的で，自棄酒（やけざけ）や自棄食（やけぐ）いはその典型だ。しかしその一方で，頑張った自分へのご褒美として性風俗店やギャンブル場に行く人もいる。前者を「自棄酒系」と呼ぶのなら，後者は「祝い酒系」と呼べるかもしれない。いずれにしても「これくらいなら」とか「たまには」など考えることで自分だましが始まるのだ。「悪魔のささやき」はスリップの前兆だ。やりたいことをやって依存症という病気になったのなら，やりたくないことをやらなければ回復できないのは当然である。やりたくないことこそ「神様の意志」だからだ。自棄酒も自棄食いも，その前に必ずエピソードがある。そのエピソードで湧き上がった怒りや悲しみ，恨みや恐れなどの否定的感情を鎮痛・麻痺させるものが依存対象として選ばれる。

　アルコール病棟の看護婦長が言った名言がある。「病気になるということは，どこかを変える必要があるということなんです」。問題は成長するための良い教材になる。アディクションという船の中で，いつまでも船酔いしていてよいわけがない。依存対象に対して無力を認めるということは

「ぼくを助けてください」と白旗を上げることだ。再生か死かという二者択一の状況から新しい生き方を始めれば，その日が霊的な誕生日になる。

鬼軍曹

命がかかっている病気に妥協など許されない。回復してきた元患者たちに「あなたの回復を手助けしてくれたのは，どんな人ですか？」と尋ねると，異口同音に「そりゃあ鬼軍曹さ」という答えが返ってきた。ぼくはアルコール病棟で「鬼軍曹役」を引き受けることにした。AAは「提案」を使うので，「よかったら一緒にやりませんか」と言うが，回復の初期にもなっていない入院中の患者に「提案」などしても意味がない。

「あなたの病気は何ですか」「その病気から回復したいですか」「回復したいのなら行動で示してください」

病棟を回りながら，ぼくは患者たちにそう声をかけた。依存症者が持っているパワーには計り知れないものがある。それがあったからこそアルコールもヤクブツもギャンブルも続けることができたのだ。雨が降っても槍が降っても依存対象にのめり込んできたのなら，今度はそのパワーを全部回復に投入できる。だからミーティングを休む理由などないのだ。

「千里の馬」という名馬のたとえがある。1里は4キロだから，千里は4000キロになる。1日にそんな距離を走れる馬などいないが，そのように走れたらその馬も名馬。つまり「千里の馬」だということだ。ぼくは「ミーティング場に行って，あの人のようになりたいと思う人を探してください。あとはその人の真似をするだけです」とよく言っていた。ミーティングではうまくいった話だけでなく，失敗した話も役に立つ。

夜のデイルーム

アルコール病棟では医者とソーシャルワーカーと心理スタッフが3人一組になって同じ患者を担当した。そうすれば患者は自分が相談しやすい相手を選べる仕組みだ。現在は2か月プログラムになっているが，当時は3か月プログラムだった。最初の1か月は「I期治療」と呼ばれ，検査や身体の治療をする。2か月目から「II期治療」と呼ばれるアルコール・リハ

ビリテーション・プログラム（ARP）に入る。

　そこには5キロか20キロのウォーキング，OT（作業療法），酒歴発表，患者自治会，勉強会，相互援助グループからのメッセージ，家庭訪問，AAや断酒会への参加などさまざまなものがある。ところがせっかく入院しても早々と退院してしまう患者が少なくなかった。任意入院だからだった。せっかく入院したのに「タバコを吸わせてくれないから」という理由で，数時間で退院した患者もいた。しかしそれも本人の責任なので，無理に引き止めはしない。

　昼間のプログラムを終えると，早めの夕食をとって患者たちはAAや断酒会の集まりに出かけるので，ナースステーションでは毎日その出席記録をつけている。彼らが病院に戻ってくるのは夜10時ごろだ。これはぼくの想像だが，10時を過ぎた夜のデイルームや患者自治会室は，患者たちが本音を語り合える「最高の治療的環境」になっていたのではないだろうか。

父親の死

　父親は自宅近くの総合病院に入退院を繰り返していた。難しい名前の病気だった。その病院に再入院したとき，ぼくは担当医からこう言われた。「お父さんはもう家には帰れません」。その言葉で父親の死期が近いことが分かった。最後の4週間は簡易ベッドを父親のベッドの横に置かせてもらい，そこから仕事に出かけ，そこに仕事から戻ってきた。ある朝仕事に出かけようとすると，父親はぼくの目の前で脳梗塞の発作を起こした。

　その日以来，父親は口がきけなくなった。何か言いたそうなので「何？」と尋ねても聞き取れない。それでメモ用紙とサインペンを渡したが，そこには字にはならない字が書かれていた。最後まで互いの物語を語り合うことができなかったことが，ぼくには悔やまれた。やがて父親は眠ると大きなイビキをかくようになった。これでは同室の患者たちに迷惑をかけるので，病棟婦長にお願いして個室に移させてもらった。まさかそれが昏睡状態だとは知らなかった。

ゲシュタルトの祈り

　霊安室でぼくは父親に語りかけた。「ぼくたちはACなんだよ。お父さんはアルコール問題を抱えたおじいさんに育てられたACだったけど，ぼくは怒りの問題を抱えたお父さんに育てられたんだからやはりACだね。ぼくはパンチをかわすのが下手だからまともにくらっちゃったけど，お父さんが一番怒りをぶつけたかったのはおじいさんじゃなかったの？　もうぼくはお父さんの「夢の請負人」からは降りることにしたよ」。

　そしてぼくは，ゲシュタルトの祈りを唱えた。

埼玉県立精神保健総合センター時代45〜51歳（1991.4〜1997.3）

　　　　私は私のために生きる
　　　　あなたはあなたのために生きる
　　　　私はあなたの期待に応えるために
　　　　この世に生きているわけじゃない
　　　　あなたも私の期待に応えるために
　　　　この世に生きているわけじゃない
　　　　私は私
　　　　あなたはあなた
　　　　でも縁があって私たちが出会えれば
　　　　それは素敵なことだ
　　　　もし出会えなくても
　　　　それもまた善いことだ

　父親はとても厳しい人だったが，生涯で2回だけぼくを認めたことがあった。1回は従兄弟の結婚式でぼくが歌を歌ったときだった。披露宴の途中で伯父がぼくのそばにくると，「何か歌を歌ってくれ」と言ったのだ。ぼくは学生時代に男声合唱団にいたので，歌う前には喉を白湯で温めたり，喉に絡むような食べ物はとらなかった。披露宴の食事は美味しいものばかりだが，喉に絡むようなものも多い。突然のことに戸惑ってしまったが，引くに引けない状況だった。

　亡くなったので結婚式に出られなかった伯母をしのんだ歌がいいと思っ

た。ぼくが選んだのは，さだまさしの『僕にまかせてください』だった。しかし彼の歌は高音で，最初の音を取り違えてしまったら，大変なことになる。しかもアカペラだ。短いあいさつの後なんとか歌い切ると，出席していた人たちから大きな拍手が起きた。奇跡のようだった。父親は同じテーブルにいた人たちから「息子さんは歌が上手ですね」と言われ嬉しかったようだ。披露宴の帰り道では「よく大勢の前で歌なんか歌えるものだ」とぼくに言ったが，あれは父親なりの最大級の褒め言葉だったのだと思う。

骨董品店から貴金属卸売商へ

　ぼくが小さいころ，父親は古本屋をしていたが，やがて友人と２人で骨董品店を始めた。家には店に出す琴やら鼓やら刀剣などがあった。そのうちその友人と別れて貴金属卸売商になった。指輪やネックレス，ブローチなどを小売店に卸す仕事だ。もともと勉強熱心だったので，独学で宝石類の鑑定もしていたようだ。この仕事が成功し，一時は協同組合のビルの中に小さな店を構えたこともあったので，ぼくは学費を出してもらうことができた。

　父親はぼくにその仕事を継がせようとしていたが，ぼくにその気がないことも諍（いさか）いの種になっていた。ぼくがこの仕事を始めて10年くらいしたとき，「おまえは今の仕事を選んでよかったな」と父親に言われた。「福祉の仕事をしようと思ってる」とぼくが言ったときには，母方叔父に手を回してまで大反対したので，父親からそんなことを言われるとは思いもよらないことだった。認められてぼくは嬉しかった。

　父親がそんなことを言ったのは，自分の仕事が傾いてきたからだったかもしれない。でも２つの言葉はどちらもぼくの心にしみた。

出入り禁止処分

　アラノンはアルコール依存症者の家族や友人の集まりだが，ぼくは世界大会の２日目に「家族病としてのアルコール依存症」というテーマのアラノンミーティングに出た。するとミーティング中に不思議なことが起きた。それは父に対する長年の恨みが心の中で氷解したことだった。

父親はどんなに努力しても，祖父から認められたり，褒められたり，受け入れられたりしたことがなかったという。そうした精神的借財を，父親は期せずしてぼくに相続してしまった。祖父と父親との間で起きていた出来事は，父親とぼくとの間でも全く同じように起きていたのだった。しかしぼくは父親の寂しさや苦しさを理解しようとはせず，恨み続けていた。謝るべきなのはぼくのほうだったのだ。

　AAの55周年世界大会から帰ってくると，参加した感想をニューズレターに載せたいので原稿を書いてほしいという依頼がAAのオフィスからきた。

　後日，そうした内容を書いたニューズレターが出来上がると，これが和解の材料になればと思って，実家に持っていった。父親は読んでくれたがそれは途中までだった。「長い間恨んでいた」と書いてあるところまで読むと，「親を恨むとは何ごとか！」そう父親は怒鳴り，ぼくは実家への「出入り禁止処分」を受けた。そのときにぼくを助けてくれたのは，あの「平安の祈り」だった。変えられないものは受け入れるしかなかった。

　父親が78歳で亡くなったとき，ぼくの目から涙がこぼれることはなかった。そのことに罪悪感を感じてカウンセラーに話を聴いてもらったが，何と言われたかは思い出せない。父親にベッタリ依存していた母親は，毎日泣いていた。父親が亡くなって1か月が過ぎたとき，ぼくは母親に言った。「いつまで泣いていてもお父さんは喜ばないと思います。また元の生活に戻ってください」。次の依存対象はきっとぼくだと思ったので，先手を打ったのだ。

　今年140年を迎えた講道館創始者は嘉納治五郎師範だが，その講道館には鉄芯を真綿で包んだマークがある。外側の白は純真純白で柔らかだが強靱な性質も持っている真綿で，内側の赤は鉄は鍛えれば鍛えるほど固く至剛な良材となる燃える鉄芯を表している。講道館員は内に鍛えられた実力と強い心を持ち，外には穏やかに柔らかく正しい態度を表す「外柔内剛」の精神を常に持つようにとの願いが込められている。父親が好きな言葉も「外柔内剛」だったが，父親は自分自身に対してよりも，ぼくにはもっと厳しかったので「外剛内剛」の人だった。

メッセージを貰う

　その秋のAAラウンドアップに参加したころには，ミーティングで性依存の話をぼくはできるようになっていた。日本にも性依存症者の相互援助グループがいくつかあるが，その中の一つのメンバーから「やあ，仲間ですねえ」と声をかけられた。見ると彼は流暢な日本語を話す外国人だった。「毎週土曜日の午後に六本木の教会で私たちはミーティングをしています。よかったらいらっしゃいませんか」バルトという名の彼は，そう言った。

　この「よかったらいらっしゃいませんか」という誘い文句は実にうまい。よくなかったら行かなくてもいいのに，なぜか断れなくなるからだ。月に4回なら2回くらい行けば義理が果たせるかな，とぼくは考えた。「仲間」と言われたときは「簡単に仲間なんかに入れないでくれ」と内心では反発していた。ミーティングに参加すると，そこは英語ミーティングだった。英語のテキストを読み，英語で自分の話をし，英語で話す仲間の話を聴く60分はとても長く感じられた。

　それでもぼくは，結局毎週参加した。「英語のテキストが難しい」と言うと，「翻訳すればいいじゃないか」と言われた。でもそのテキストを訳すのはぼくには無理だった。そこで知り合いのアッセンハイマー神父に頼みにいった。彼にテキストを見せると「この英語はぼくには難しい」と言ったのだ。ええっ，アメリカ人なのに？　と思ったが，それは仕事中毒に歯止めをかけようとしていた彼のジョークだった。しかし「この部分はAAに訳があるよ」と教えてくれた。

　翻訳されている箇所を拾い集め，ぼくは日本語ミーティング用のハンドブックを作り，日本人の仲間を探した。こうして日本語グループが誕生した。やがて父親がアメリカ人で母親が日本人だというバイリンガルの仲間がやってきて，翻訳作業を手伝ってくれるようになった。ぼくは英語グループのメンバーから，「lust」はどう訳すのかと尋ねられたが，それは初めて見た単語だった。辞書には「肉欲」と書かれていたが，ぼくは健康的な性衝動と対比させて「病的性衝動」と訳すのはどうかと答えた。

『草原の輝き』

　ぼくが入った性依存症者のグループでは，自分とのセックスも「スリップ」になる。不倫はAAに出るようになって4か月目に止まったが，このグループのミーティングに出るようになっても，自分とのセックスは1年8か月やめなかった。そこまでストイックになる必要はないと思ったからだった。これも不思議な経験だが，仕事の後で職場仲間と『草原の輝き』という映画を観た日から自分とのセックスも止まった。父親の死から3か月が過ぎた夜だった。

　『草原の輝き』は2人の若い男女の恋愛を描いたもので，エリア・カザンが監督をしている。映画の中では男性が性的渇望を抑えられてくなり，他の女性と関係したことを彼女は人づてに知ってしまう。授業で『草原の輝き』が読まれているときに発病するという物語だ。アメリカの精神医学界は，この映画によって心の病にも原因があるのだという考え方に大きく傾斜していったという。ぼくのソーバーにどんなインパクトを与えたのかは分からないが。

> Of splendour in the grass,
> of glory in the flower;
> We will grieve not, rather find
> Strength in what remain behind,
> 　　　　(William Wordsworth)

> 草原の輝き
> 花の栄光
> 再びそれが還えらずとも嘆くなかれ
> その奥に秘めし力を見出だすべし
> 　　　（ウイリアム・ワーズワース）

三大依存症

　ぼくの親の時代には「飲む・打つ・買うは男の甲斐性」などと言われて

いた。この言葉は依存症者にとって都合のよい言葉だ。「飲む」とはもちろん酒のことだし、「打つ」はギャンブルで、「買う」は性のことである。ぼくは酒が飲めない体質だし、ギャンブルにも熱くなれないが、性にはまってしまった。考えてみれば人間が一番はまりやすい依存症がこの3つだから、三大依存症とも言えるだろう。「君はアル中になる」と予言されたが、それが半分当たったのだ。

　AAで言う「最初の一杯」とSAの「自分とのセックス」は同じものだった。依存症者は巨大なエネルギーの持ち主で、その埋蔵量は計り知れない。それがあるからこそ、命懸けで依存対象に突進してゆくのだ。依存症になったことで生き延びられた人もいるが、その途中で命を落とす人も多い。では再生するためにはどうしたらいいのか。この分野には「回復の道具」と呼ばれる救命具がたくさんある。それらをうまく使っていけば、その先で回復が待っている。

　「回復の道具」には、プログラムをはじめとして、ミーティング、テキスト、スローガン、祈り、黙想、メッセージ、スポンサーシップ、サービス、メダル等さまざまなものがある。1日もやめられなかったのに、そうした道具を使うと、1日ずつ飲まない日が続いてゆく。グループによって異なるが、1日目・1か月目・3か月目・6か月目・9か月目という区切りには、仲間たちが祝ってくれるし、記念のメダルが手渡される。メダルは回復するための行動をした証しだ。

　それが1年を迎えると仲間たちは「バースデイ・ミーティング」を開いてくれる。部屋の電気を消してバースデイケーキの蝋燭に火をともす。みんなでバースデイソングを歌った後、その日バースデイを迎えた人が、蝋燭の火をふっと消すと仲間たちが一斉に拍手する。ぼくもそうしたバースデイを何度も経験してきたが、感動的な場面だ。そしてその日はバースデイを迎えた仲間の物語をたっぷり聞かせてもらうことができる。

連続ソーバー・累積ソーバー

　酒を長くやめているAAメンバーは、「ロングタイマー」と呼ばれている。あるロングタイマーは何かのきっかけで飲んでしまい、ミーティングに来

なくなった。自分は20年も酒をやめていたのに飲んでしまった。みんなは俺のことを馬鹿にしているんじゃないか。そんなところに行くわけには行かない。そう思っていたのだろうか。彼は酒をまた飲み始めた。何年酒をやめていても，再飲酒することはあるものなのだ。

「だから今日一日飲まないことが大事なんだ」

そんな大きなメッセージを仲間に運ぶ絶好のチャンスだった。でも飲み続けた彼は死んでしまった。彼の命を奪ったのは酒だったのだろうか。彼の偽のプライドだったのではないかとぼくは思っている。

最初のバースデイは，特に緊張と期待が高まっているので，その前にスリップすることはあまりない。ところがほっとしてしまうのか，その後でスリップしたという話はときどき耳にする。スリップとは再飲酒や再使用のことだが，長くやめている仲間からは「治療的なスリップもある」という話を聞いたことがある。「スリップしてはいけない」と思っていると，それに囚われ，かえってスリップしてしまう。しかしスリップしたことで学べることもあるというのだ。

「何かに気づくために問題は与えられる」「この問題から何を学べばよいのか」そんな話がミーティングではときどき聞かれる。問題のない人間などいないのだし，問題は個人でも集団でも起きる。問題から学ばないことが問題なのだ。ただ酒が止まっていることを「回復」と言えるのだろうか。なぜそれが《必要》だったかを考えれば，さらに自分が深く見えてくる。

一般にどのグループでも長くやめていることに価値を置いているようだ。では飲んだりやめたりしながらもミーティングに通ってくることは価値がないのか。ぼくは飲まなかった日を合算した「累積ソーバー」という考え方があってもいいのではないかと思っている。その結果，「連続ソーバー」になればもっといいのだが。つまり酒をやめてから死ぬまでの間に，素面の日を幾日持てたのか，そこで自分は何を学んだのかが大事だし，究極の埋め合わせは，「今日一日素面で生きること」ではないかとぼくは思うからだ。

霊的な原則

アルコール依存症の治療病棟で活動していたころは，病棟スタッフとAAのステップセミナーやオープンスピーカーズ・ミーティングなどによく一緒に行っていた。ある年，マックとダルクの合同クリスマス会に一人の看護婦を誘った。彼女とは会場近くの駅の改札口で6時に会う約束をした。ぼくは時間を守ることは信頼関係を築く大原則だと考えているので，たいてい約束した時間よりも早く行って待つようにしている。

電車が着くと，改札口を出てくる人波の中に彼女の姿を探した。何度かそうしていたが彼女の姿はなかった。するとぼくの心に疑念が湧いてきた。「彼女は時間を守らない人なのだろうか」「場所を間違えたのだろうか」「日にちを間違えたのだろうか」「出がけに財布を忘れて家に戻ったのだろうか」「体調を悪くしたのだろうか」……。こころがざわざわしながら，ぼくは伝言板に「先に行きます」と書いて，駅を後にした。

ところがぼくの解釈はどれも外れていた。会場に着くと追いかけて来たかのように彼女が現れた。棘が刺さったような言葉でぼくは「どうしたの？」と尋ねた。彼女は遅れたことを詫びながら，その理由を話してくれた。「電車の中でスリが見つかると，逃げようとしたそのスリが線路に飛び下りてしまい，それで電車が動かなくなってしまったんです」。本来なら，自分の間違った解釈を言葉に出して謝るべきだった。しかしぼくにはそれができなかった。

このエピソードはぼくの性格的問題を明らかにするものだった。『12のステップと12の伝統』の117頁目には「私たちが平静さをかきみだされるときというのは，その原因がなんであれ，自分の側に何か誤りがある，というのが霊的な原則である」と書かれている。ぼくの解釈パターンは，いつも相手の側に誤りがあるというものだ。そのパターンを一気に変えられないのなら，相手の側の問題から始めたとしても，自分の側の問題に少しでも早くシフトすることだ。

ぼくは「5つの解釈」をしたが，どれも当たってはいなかった。しかも5つとも相手の側の問題を挙げただけだった。それが内省を怠るもとにあった。相手を理解するために多角的な解釈をすることは意味がある。も

し，たった一つの解釈を固く信じるのなら，それはほとんど「妄想」に近い。「妄想」とは修正しがたい強い思い込みのことだからだ。たとえ相手の側に問題があったとしても，自分の側から問題は整理するものだということを，このときぼくは初めて学んだ。

埼玉県立精神保健総合センター時代45〜51歳（1991.4〜1997.3）

事例 9

「先生を傷つけちゃう？」
（中学2年・女子・不登校）

生育歴

　母親は彼女の前に二人流産しているが，彼女も流産しそうになったことがあった。満期産で初重は3500グラム以上あり，出生時の異常はなし。人工乳で育ち，吸入状態も良好。初歩は1歳前後で発語もふつうだった。母親が働いているため，生後11か月から保育園に入る。しかし保育園には同年齢児がいなかったので，小学校に入って友達ができなくては困ると考えた母親は，就学前の2年間は幼稚園にも通わせた。

　幼稚園では登園を嫌がることはなく，それどころか登園を嫌がる子どもを引っ張り出すほど積極的だった。小学校時代の成績はふつうより上で，スポーツもできた。なくし物や忘れ物もなく几帳面だったが，日常動作が遅いので母親はいつも歯がゆく思っていた。1年生から6年生まで習字を習い，硬筆や毛筆や絵では市の展覧会に選ばれるほど上手だった。5年生の終わりから卒業するまでミニバレーにも入っている。

　中学校は2つの小学校が1つになった学校だった。部活はバレーボール部に入ったが，体力づくりやマラソンが苦手で，前の日からそのことを心配していた。1学期は夢中で通っていたが，2学期に貧血だと言われてからポツポツ学校を休むようになった。家では1日2食で，夜遅くまでテレビを観ているので朝起きられない。でも風呂には言われなくても入り，家族がうるさいことを言わなければ，接触を拒むこともなかった。

「いい子」の安請け合い

　学校の先生は「甘えだ！」と言い，その先生に紹介されて行った先の70歳過ぎた先生にも，「両親が甘すぎる。ひっぱたいて痣（あざ）がついても学校に行かせろ」と言われた。さすがに両親は疑問を持ち，センターには知人の紹介で来談した。家庭訪問すると，彼女からこんなエピソードを聞いた。

中学校の教室には陽に焼けて，煮しめたようなカーテンがかかっている。ある日担任が彼女に声をかけた。

　「おい，このカーテンもだいぶ汚れてきたなあ。お前これを持って帰って，家で洗濯してきてくれないか」。本来そんなことは生徒に頼むことではない。しかし彼女は「ニッ！」と「いい子ちゃん笑い」をして，そのカーテンを受け取ると家に持ち帰った。そして母親に不満を一気にぶちまけた。母親は洗濯などこの子はしないだろうと思ったので，彼女の代わりにカーテンを洗濯し，アイロンをかけて翌週それを学校に持って行かせた。

　「先生持ってきました」と言ってカーテンを担任に渡すと，担任は「へえ，お前が洗濯して，アイロンまでかけたのかあ」と言って何も疑わずにカーテンを受け取った。ところが次の瞬間，思いがけない言葉が担任の口から飛び出した。「こっちのカーテンも洗ってきてくれないか」。その翌日から彼女は連続して学校を休むようになったのだ。

名コーチ

　台所のテーブルに向き合って座ったぼくは，こんな質問をした。

吉岡：なんで断らなかったの？

彼女：だって断ったら先生を傷つけちゃうと思ったもの。

吉岡：先生を傷つけちゃう？

彼女：そう。

吉岡：先生を傷つけちゃうんじゃなくて，君が傷つきたくなかったんでしょ。

彼女：？

吉岡：断ったら先生は嫌な顔をするよね。それを見たら君が傷つく。
　　　　（そんなやりとりをすると，彼女の表情がサッと変わった）

彼女：そういうことだったんですね。

吉岡：先生がそんなことを生徒に頼むこと自体おかしなことでしょ。それは学校が業者にお金を払って頼むべきことだよね。そんな依存的な先生にはどう対応したらいいと思う？

彼女：う〜ん。どうしたらいいんだろう……。

吉岡：あそこに名コーチがいるよ。（ぼくは店のほうを指さした）

彼女：ええっ？　どこ，どこ？

吉岡：お店にいるお母さんだよ。お店をしていればいろんなお客さんが来る。いいお客さんも来れば，嫌なお客さんだって来るだろう。そういうお客さんへの対応方法は，ぼくなんかよりお母さんのほうがよほど上手だと思うよ。なにしろお母さんはお客さんを扱うプロだからね。

「いい子ちゃん仮面」

　そんなやり取りが功を奏したかどうかは分からないが，彼女はまた学校に行きだした。中学を卒業し，高校に入学すると彼女から手紙がきた。その手紙には友達がたくさんできたこと。友達の紹介で彼氏もできたが，今喧嘩していること。部活はバレーボール部ではなくハンドボール部に入ったこと。しかしそれは男子のほうで，女子5人がマネージャーをやり，夏なので麦茶を作っていること。そんな楽しそうな話が文面から溢れそうだった。

　ぼくは返事を書いた。「長い間『いい子ちゃん仮面』を外せなかったんじゃないかって言ったのを覚えていますか？　先生から頼まれたとき「ノー」が言えなかったのは，先生を傷つけるからではなくて，傷ついた先生の表情を見て自分が傷つくのが怖いからじゃない？　とぼくが言ったのも覚えていますか？　もしあのまま『いい子ちゃん仮面』を外さずにいたら，もっと生きにくい人生になったと思います」。

　それから数年したころ彼女からきた手紙には，短大に進み幼稚園教諭の免許を取れたので，幼稚園で働いているということが書かれていた。不登校の子どもが学校に戻れることが回復だとは思わない。回復には人それぞれの形があるはずだし，自分の人生に納得できればそれいいのだとぼくは思っている。相談に来る人たちの中には「いい人」が多いが，それはかつての「いい子」たちだ。彼女もその「いい子」の一人だった。人生には何度か自分を変える機会がある。

事例9

3匹の蛙

　その機会の多くは「人生の危機」のときだ。危機はしばしば好機にもなる。その好機は，もしかしたらサッカーのシュート・チャンスよりも少ないかもしれない。『嫌われる勇気』という本が話題になった。立場上，嫌われても言わなければならないことはある。それを恐れていたら何もできない。どう思うかは相手の自由だし，それにコントロールされるべきではない。自己評価ができれば，相手の評価で一喜一憂することは少なくなるだろう。

　これは「3匹の蛙」の話だ。「3匹の蛙が池の丸太に乗っていて，その中の1匹が飛び込む決心をしたら，丸太の上に残っているのは何匹？」という質問だ。誰かが「2匹！」と答えるかもしれない。でも答えはもちろん3匹だ。その1匹は飛び込む決心はしたが，飛び込んではいないからだ。アルコール依存症者は何回もやめる決心をする。でもやめる行動がなかなかできない。決心するのは簡単だが，行動しなければ何も変わらない。

グループワーク3

青年期親の会

参加期間を決める

　「青年期親の会」は，不登校やひきこもりなど思春期から青年期（青年期は20歳以上30歳くらいまで）の精神保健に関する問題で相談が継続をしているケースの親を対象にした会である。青年期問題に対する理解を深め，家族関係を見直す作業を通して親が対応方法を学び，親同士も相互援助することがこの会の目的だ。毎回はじめにテーマに沿った講義の後，話合いに入った。このグループはメンバーを固定する「クローズドグループ」で始まった。

　時間は毎月第1・3金曜日の午前10時から11時30分で，スタッフ2名が担当した。ぼくは2年目からこのグループの担当になったが，3年目になるときに，非常勤の心理スタッフと激論になった。それはグループに参加する期間についての問題だった。参加期間を無期限にすることは，メンバーの潜在力を封殺してしまう。しかし期間を決めれば，それは親たちの自立に繋がるとぼくは考えたのだ。心理スタッフは不満だったが，ぼくはこの案を呑んでもらった。

　以前の職場でグループを担当していたとき，自分ではよけいな手出しや口出しをしているつもりはなかったが，スーパーバイザーからぼくのかかわり方は「保護的だ」と指摘された。それはグループメンバーの潜在力をぼくが信じていないのではないかという意味だった。参加者のほとんどは母親だったが，このグループに1年間かかわったとき，ぼくは彼女たちの潜在力にしばしば驚かされた。そして保護的にならないためにどうするかを考えていたのだ。

親たちの「独立記念日」

　「この会に10回参加したら卒業してください。卒業後1年間はこのセン

ター内にミーティング場を用意します。しかしその後は自分たちで会場を探してください」そうぼくが言ったので，親たちは動揺したが，これまでの参加回数をさっそく互いに確認し始めた。そして会が終わるとセンター内のレストランに移動し，客足が途絶える午後の時間にそこでも真剣な話合いを続けたのだった。この方針転換は思わぬものを産み出した。

「お母さんたちもたまには温泉にゆくとか，自分たちの楽しみを見つけてください」とぼくが言うと，「まさか子どもを置いてそんなことなんかできません」と半分怒ったように言っていた母親たちだった。しかし，なんと旅行計画が立てられ，実際に旅行に行ったので，これには本当に驚いた。「レストラン会議」では，「今あなたは何回目？」「私はあなたより少ないわ」「みんなで卒業する時期を合わせましょう」などと，自立の準備も始めていたのだ。

「憎まれ役」はこの仕事に限ったことではないが，「嫌われる勇気」は必要なことだ。母親たちは予定した時期にグループを卒業し，次の段階に入った。こちらで用意した部屋でスタッフ抜きの「親の会」を始め，その1年後はコミュニティセンターを借りて，その活動を続けていったのだった。「すみれ会」と名づけて活動を始めた日は，親たちの「独立記念日」になった。ぼくが個人相談室を開くと会から講演を依頼された。ぼくはその謝礼をありがたくいただいた。

思春期や青年期を迎えた子どもたちは，親から自立したい自分とできない自分との狭間で苦しんでいる。依存から自立に向かう過渡期だからだ。その時期には，不登校やひきこもり，家庭内暴力などさまざまな形でSOSを発信する。しかし子どもたちと心理的な距離も近い親たちは，現象に惑わされてしまう。センターから離れることに親たちは不安をもっていたと思うが，それは子どもたちと同じ轍だと気づいていただろうか。

「酒をやめて1年になります」
（30代・男性・アルコール依存症）

困っていたのは両親

　彼には胎生期も出生時にも特記すべきことはなかったが，食べ物がなかなか飲み込めない子どもで，いつまでも口に食べ物が入っていた。そのせいか体が大きくならなかった。幼稚園に2歳半のときに入り，丸2年通ったが，友達遊びはあまりできなかった。小学校時代は数か月に1度は学校で発熱し，医者に診せると数日で治るということがあった。3年生のときの担任は心配して，市の児童相談所を勧めた。

　本人は困っていると訴えていたわけではなかったが，母親は交遊関係が苦手で暗い内向的な性格をなんとかしたいと思って数回通ったが，結果はどうということもなかった。しかし実際には彼の頭部に神経性脱毛が2か所できていたのである。成績は中よりも下で，勉強は好きでなく体育も苦手だった。中学になっても成績は振るわず，相変わらずの性格だったため，母親は学校の教育相談にも行ったことがあった。

　3年生のときに胃下垂が見つかり，その治療のためにスポーツジムに通うことを医者から勧められたが，もともとスポーツが苦手な彼は，中卒後父親の仕事を手伝いながら治してゆくことを希望した。

進行性の病気

　医者は15歳の彼に養命酒を飲むことを勧めたので，彼は養命酒を飲むようになったが，しだいにその量は増えていった。習慣飲酒は18歳ごろからで，仕事が終わると自宅で父親とウイスキーをコップ1杯飲むようになった。

　両親と離れて生活するようになった24歳のとき，ブラックアウトを起こし，28歳ごろからは朝酒が始まった。入院する2年半くらい前には下血し，大学病院に半月入院したが原因をつかめなかった。しかしこのころ，

すでにかなりの飲酒量で，生活も乱れていた。そのため入院する4か月前，強制的に自宅に連れ戻されていたのだ。それでも毎日酒を飲み続け，最終飲酒は入院する2週間前で，焼酎を7合くらい飲んでいた。

「酒を飲まずに暮らせるような方法を知りたい」と外来の診察室で言ったのは，小柄な男性ではなく両親だった。アルコール問題がある場合は，家族に無理やり連れて来られるようなケースが多い。両親と一緒に来た彼から威勢のいい啖呵（たんか）は飛び出してこなかったが，まだ酒が抜けていないのかぼんやりした表情だった。入院中アルコール・リハビリテーション・プログラム（ARP）に積極的に取り組んでいる様子は見られなかった。

何回も入退院を繰り返す患者には，ハードルを少しずつ上げてゆくことになる。病院からリハビリ施設に通うとか，その施設に入所するとかだ。彼は初めての入院だったが，このまま家に帰せばまた飲んでしまうだろう。退院を1週間後に控えたある日，看護士とぼくは病院の車に彼を乗せて自宅に向かった。両親をまじえ，退院後は自宅からリハビリ施設に通う話を本人に説得するためだった。

再入院は必至

アルコールや薬物のリハビリ施設では「スリー・ミーティング」と呼ばれるプログラムがある。毎日，午前と午後に施設のミーティングに出て，夜は地域の相互援助グループのミーティングに出ることだ。こうした説明をしても，彼の表情は入院したときとたいして変わったようには見えなかった。ぼくにも看護士にも，そして両親にも説得疲れが出てきた。やる気のない人にいくら言っても無駄だと思った。

退院前には飲酒歴や薬物使用歴を病棟ミーティングで発表しなければならない。そこには病棟の患者全員と担当医，担当看護者，担当ワーカーや心理スタッフも同席する。「これで退院できる」とルンルン気分で発表するような人は，病院を出た後すぐに飲んでしまうかもしれない。しかし「退院したら再飲酒してしまうのではないか」と思っている人は，話の中にその不安が現れる。その不安こそ治療効果なので，退院までにスタッフは本人と対策を十分話し合うことができるのだ。

3人で病院に戻る車の中では，彼を後部座席に乗せて看護士とぼくは魚釣りの話に興じていた。3か月プログラムを終えると，彼はバッグの中に大きな不安を詰め込んで退院していった。彼が再飲酒して病院に戻ってくるのは時間の問題だと誰もが思っていた。

原点回帰

　あるとき，彼の住んでいる町でAAのセミナーが開かれた。こうしたセミナーやオープンスピーカーズ・ミーティングで回復した「元患者」の話が聞けるのは援助職冥利（みょうり）だ。

　セミナーが終わり，帰りかけようとしているぼくのところに，一人の男性が近づいてきた。ふと見るとそれは彼だった。「こんにちは」と挨拶されたので，ぼくも「こんにちは」と言ったが，心が全然こもっていないことは自分でも分かった。彼の次の言葉でぼくは驚いた。「もう酒を1年やめてます」。その瞬間，ぼくは自分を恥じた。いつしかぼくは「回復する患者」と「回復しない患者」を自分の中で選別し，「回復する患者」の手助けだけをしていたのだ。

　「対等・平等・公平」に反する言動をする人がぼくは大嫌いで，いつも過敏な反応をしてきた。「嫌いな人は自分の鏡だ」とミーティング仲間が言ったときは，「そんなことはない」と即座に否定した。しかし仲間の言うとおりだった。「対等・平等・公平」が自分の信条だと言っていたが，まるでそれは「絵に描いた餅」に過ぎなかった。ぼくは自分を裁判官か神のように思っていたようだ。セミナーで彼に会えたことで，ぼくは原点に戻ることができた。

事例
10

アルコール・プログラム

ぼくがかかわったアルコール依存症関係のプログラムは２つある。

［アルコール・リハビリテーション・プログラム（ARP）］

当時のアルコール・薬物など中毒性精神障害者を対象とした病棟では，個人療法のほかに複数の患者を対象としたさまざまな集団療法があり，この治療の略称がARPである。治療法は堀内秀（なだいなだ）先生が開発した久里浜方式で，当時の入院期間は３か月だった。その内容を以下に示す。ぼくも海のそばにある久里浜病院でアルコール依存症の研修を受けたことがある。

- 勉強会…アルコール依存症に関する基礎知識を学ぶ
- 病棟ミーティング…患者が自らの飲酒歴や薬物使用歴を発表する
- SGM（スモールグループミーティング）…小集団でのミーティング
- Ｉ期ミーティング…入院初期にミーティングを行い治療の動機づけをする
- レクリエーション…ソフトボール，ゲートボール，カラオケ，ビデオ鑑賞等
- ウォーキング…身体状況に応じて５キロか20キロのコースを歩く
- アルコール家族教室…外来や相談部門の家族も参加できるアルコール教育
- 家族ミーティング…アルコール依存症者や薬物依存症者の家族が対象
- 薬物家族教室…外来や相談部門の家族も参加できる薬物教育
- SST（ソーシャル・スキルズ・トレーニング）…生活技能訓練
- 家庭訪問…入院中に看護者とワーカー（か心理スタッフ）が家庭訪問する

治療ミーティングは，地域で開かれている相互援助グループに繋がるための ウォーミング・アップになる。

[アルコール外来ミーティング]

　これはアルコール依存症の治療のために外来通院している患者が，診察を待つ間に参加できるミーティングである。形態はAAの「言いっぱなし・聴きっぱなし」を模したものだが，ソーシャルワーカーが司会をし，看護婦が記録をとった。毎週火曜日の午前9時半から11時まで外来のミーティングルームで開かれたが，好評なため参加者がしだいに増え，木曜日にも開くようになった。このミーティングには入院中の患者も参加できた。

埼玉県所沢保健所時代51~52歳
(1997.4~1998.5)

そして鱒は罠に落ちてしまった

左の口角に違和感

　精神保健総合センターの診療部にいた4年目の冬，ぼくは突然左三叉神経麻痺になった。いわゆる顔面麻痺である。アルコール病棟の看護婦と家庭訪問した帰りに，昼食をとるため一緒に店に入った。そこで食べたのは麺類だったような気がするが，妙に食べづらかった。職場に戻り職員室の鏡の前で自分の顔を見たとき，ぼくは息をのんだ。額の左半分のしわが伸び，左眼瞼（がんけん）は垂れ下がり，左の口角も下がっている。大変なことになった。慌てて医局に飛び込んだ。

　そこにいた成瀬暢也先生はぼくの手足の状態を確かめ，「末梢神経麻痺ですね」と言った。そして彼から神経内科への受診を勧められた。自宅からほど遠くない総合病院に行くと，すでに外来診療の時間は終わっていた。そこで救急外来に行き事情を説明した。少し，いやだいぶ待たされた気分だったが2人の医者がやって来た。1人は研修医らしく，もう1人の医者がぼくの顔をあれこれ触った後で，「ステロイドでも出しておくか」と投げやりな口調で言った。

　父親もかつてその医者にかかったことがあった。そのときには父親の顔を見て「汚い顔だ」と言ったので殴ってやろうかと思った相手だった。弱い立場にいることに忸怩（じくじ）たる思いがしたのを思い出した。翌週その病院の神経内科を受診すると，そこでも「末梢神経麻痺だ」と言われた。診察した医者が「温かいタオルで左顔面を温めるように」と言ったので，翌朝働いていた病棟で温かいタオルを借りたが，まだ春にもなっていないころだったので，借りたタオルはすぐに冷たくなった。

　次の診察のときにその話をし，「CTも撮ってもらったほうがいい」と職

場で言われたと言うと，その医者はくるっと椅子を回してそっぽを向き，何も喋らなくなった。看護婦も無言のままだ。ここに通院しても回復はできないと思い，職場に戻ってその話をすると北里研究所メディカルセンターを紹介された。しかしその病院は自宅から車で1時間半もかかるところにあった。右目はふつうに見えるが，左目は涙が溜まって水中を見ているようだ。これで運転ができるだろうか。

どんな経験も無駄なものは何一つない

　治らなければ一生このままだ。そう言えば中学校のときに女の先生が左顔面麻痺だったっけ。わらにもすがる思いでその病院に行くことにした。右目は問題ないが左目は相変わらずなので，ぼくは信号で止まるたびに，涙を散らそうとして左目の瞼をさすった。すると少しの間だがクリアに見えることが分かった。人間の知恵は捨てたもんじゃないと思いながらその病院に向かった。神経内科では前の病院よりも多い薬が出され，顔面マッサージのイラストを貰えた。

　家に帰ると子どもたちに，心配いらないことを伝え，ベッドサイドには「必ず治る」と書いた紙を貼った。風呂に入ると顔を温め，顔面マッサージをし，口を大きく開けて，「あ・い・ぅ・え・お」と何度も声に出した。2種類の薬が両方ともビタミン剤だったので，先生に尋ねると自然治癒力を高める薬だと説明された。原因不明のまま2月末に発症したが，5月の連休にはテニスができるまでになった。後遺症は太陽光を眩しく感じる程度で，この薬の効果が実証された。

　その報告をすると神経内科の広瀬隆一先生は「回復が素晴らしく早い」と喜んでくれた。これもぼくにとって貴重な体験だった。この体験が翌年立ち上げた相談室の名前に繋がってゆく。そのときの記録は書いてあるが，残念なのは麻痺したときの顔写真を撮っておかなかったことだ。それから十数年が経ったころ，知り合いの女性が同じ病気になった。ぼくの体験記と病院情報が彼女の役に立ったと聞いて嬉しかった。「どんな経験も無駄なものは何一つない」ミーティングでよく聞く言葉だ。

カウンセリングを受ける

　翌年の4月に異動した公務員最後の職場は所沢保健所だった。ぼくは大学を卒業したら，保健所の精神衛生相談員になりたいと思っていた。そこで，住んでいる市の保健所に相談に行ったのだった。話を聞いてくれた職員は「埼玉県にはそういう制度がないので，東京都に行ったらどうか」とぼくに言った。後に埼玉県でもその制度ができたとき，名称が変わった精神保健福祉相談員を希望したのだが，やはりかなわなかった。それが27年目にやっとかなったのだ。

　この時期にぼくはカウンセリングを受けた。きっかけは息子が妻に「カウンセリングを受けろ」と強く言ったからだった。ぼくも勧めたが，途中で「一緒に受けよう」と方針を変えた。彼女が続けたかどうかは分からないが，ぼくは3年半そのカウンセリングセンターに通い続けた。同業者に助けを求めるのは恥ずかしかったので，ぼくにはそれなりの勇気が必要だった。カウンセリングの山場は，「あなたはぼくを助けてくださいと言えますか」とカウンセラーから聞かれた日だった。

　ぼくが「そういうことは苦手です」と答えると，ジェームス・サック先生は怒ったような表情で，「チャレンジしてください。3人に『ぼくを助けてください』と言ってくるように」と宿題を出した。嫌な宿題はやらないと，もっと嫌になる。そう思ったぼくは午後から職場に行くと，3人の同僚に「ぼくを助けてください」と言った。すると3人とも同じ答えだった。「助けられません」。それは猫の手も借りたいくらい忙しい職場なので，想定内の答えだった。

　次のセッションでその報告をすると「それでいい。あなたのすることはそれを言うことだったのだから」と言われた。そのときになって初めて，ぼくは助けを求めるのが下手なことに気がついた。できないことに助けを求めるのは健康なことだったのに，ぼくは親から「自分でできないことも自分でやれ」と言われていたように思う。いつ誰に何をどうやって相談したらよいかを知らなかったのだ。知らないままぼくは相談を受ける仕事をしてきたということだ。

　それからは自分でできるところまでは自分でやり，自分にできそうもな

いと思ったときは，人に助けを求めることにした。そのことで肩の荷がやっと降りたような気がした。ぼくはあの日，カウンセリングの効用を感じた。「自分が気づくために問題は与えられる」と仲間は言う。問題が与えられても，気づくことができないこともある。そんなときは黙想し，「この問題から何を学べばよいのか」と神に尋ねている。

ぼくの評価は誰のもの？

　もしかしたら自分は完全主義者ではないのか，とぼくはときどき考えていた。時間があればもっといいものができたはずなのにとよく思うからだった。限られた時間の中でできたものが自分の実力だとはなかなか思えないのだ。よりよいものを目指すのはいいが，完璧を目指そうとしてしまう。人間は不完全な存在なのに，完璧なものを目指すということは，「神の座を狙っている」と言われても仕方がないだろう。でもどうしても等身大の自分に満足できないのだ。

　自己肯定感情（セルフエスティーム）が低いと，正しい自己評価ができない。そのため他者に評価を求めることになる。しかし他者の評価は他者のものなので，自分が期待するような評価をしてくれるかどうかは分からない。それでもぼくは他者の評価を求めてきた。自分を認めず，自己否定するのなら，それも一種の自傷行為と言えるだろう。たとえ満足できなくても，そこまでが今の実力だと認めることは大事なことだ。そうすれば自傷行為には至らない。

　だが他者に承認を求めたら，それはエンドレスになる。たとえ他者がその欲求を満たしてくれたとしても，それは一時的なものでしかない。なぜなら最終的に承認欲求を満たせるのは自分しかいないからだ。

　自分の父親であっても，息子を認めるか認めないかは父親の自由だと分かったとき，ぼくはその呪縛から解放された。所詮，他者の評価を変えることはできないのだし「どう評価するのもあなたの自由です」とやっと言えるようになった。

　こうした「開き直り」は大事なことだ。完全主義から抜け出したいのなら，不完全な状態でもできたところでピリオドを打つ練習が必要になる。

思考は堂々巡りするが，行動すれば一気に解決する問題もある。自己肯定感情は自分で育てることができるし，カウンセリングや相互援助グループのプログラムを使いながら互いに育てることもできる。そしてそれは自己評価の確立に繋がってゆく。

リカバリング・ソーシャルワーカー

アメリカでは依存症から回復してきたカウンセラーのことを「リカバリング・カウンセラー」と呼んでいる。日本でもダルクやマックなどで活動する人たちを「回復者カウンセラー」と呼ぶようになってきた。ぼくも依存症から回復を目指して活動しているソーシャルワーカーなので，「リカバリング・ソーシャルワーカー」と紹介してもらうこともある。

ところで援助職にとって資格や免許は，どのような意味を持つものなのだろう。

ぼくは最初の精神科病院に就職したとき，日本精神医学ソーシャルワーカー協会（PSW協会，現日本精神保健福祉士協会）に入った。ソーシャルワーカーの協会には，日本医療社会事業協会（MSW協会，現日本医療ソーシャルワーカー協会）という団体もあり，こちらの活動分野は総合病院で，国家資格化を強く望む団体だったが，PSW協会のほうは「資格化が自分たちの利益になっても対象者の利益に繋がるものではないので反対だ」という立場を取っていた。ところがある時期からPSWを国家資格にしようという動きが急速に進んだ。

そしてとうとう1997（平成9）年に精神保健福祉士法が成立し，国家資格になった。そうなりそうだという話が聞こえてきたとき，今まで言ってきたことと違うじゃないか。これはクライエントに対する裏切り行為ではないかとぼくは思った。そして20年以上活動してきたPSW協会を辞めることにした。「今なら移行措置で簡単に資格が取れるのに，なぜ辞めてしまうのか」と何人かの協会員から聞かれたので，その一人に手紙を書いた。

Kさんへの手紙

　朝夕秋の気配が感じられる今日このごろですが，相変わらずお忙しい毎日を過ごしていらっしゃることと思います。7月の日本精神医学ソーシャルワーカー協会全国大会は本当にお疲れ様でした。私はお役に立てず，今でも心苦しく思っています。実は大会後，私の中で何度も問い直した結果，PSW協会を辞めることにやっと決心がつきました。それも，国家資格（精神保健福祉士）が国会で成立する前に。その理由をいくつか挙げてみると，このようなことになると思います。

1．これまで厚生省の医療行政に対して，いつも批判的であったにもかかわらず，この場に及んで「御墨付き」を貰うなどというみっともない真似はできないこと。
2．医者の「指示」も「指導」も受ける気持ちはないこと。それを受けることは，ヒエラルキー構造を肯定することになり，ワーカー本来の自由度が消えてしまうと考えられるため。
3．資格認定を考えるのであれば，我々の対象者である当事者や家族が認定委員として当然入っているべきであること。
4．目の前で溺れている人がいるのに「私には水難救助員の資格がないので助けられません」などという人はいないはず。つまり人を援助するうえで，資格は絶対条件ではないこと。
5．仮に資格を得たとしても，最終的にその資格に価値があると思うかどうかは，自分自身であること。

　むろん，資格制度にはさまざまな視点があるわけですから，必要だと考える方の邪魔をするつもりはありません。退会するにあたり，Kさんに私の考えを理解していただけたらと思い，手紙を書きました。時節がら，ご自愛ください。

1997年9月10日　　吉岡　隆

埼玉県所沢保健所時代51〜52歳（1997.4〜1998.5）

ぼくはPSW協会を辞め，丸腰のソーシャルワーカーで生きようと腹を決めた。あれからもう25年にもなる。ぼくをここまで育ててくれた人は大勢いるが，クライエントこそぼくにとって最高の先生である。Kさんに送った手紙がファイリングケースから出てきたことで，自分の立ち位置が「権威・権力側」とは対極にある「病者・弱者側」であることを再確認することができた。

2007年1月に松江市で少子化について講演した柳澤伯夫厚生労働大臣は，国民から大きな批判を受けた。それと言うのも「15から50歳の女性の数は決まっている。産む機械，装置の数は決まっているから，機械というのは何だけど，あとは一人頭で頑張ってもらうしかないと思う」と述べたからだ。精神保健福祉士の国家資格を与えるその人の発言だった。こんな人の御墨付きなど，こちらから願い下げだ。

疲弊退職

「このままでは自分がダメになる」またそう思った。ぼくは「退職願」と書かずに「退職届」と書いて出すと，上司は「順序が逆だ」と言った。彼はぼくの怒りがそう書かせたことなどまるで分かっていなかった。そしてぼくは疲弊退職し公務員生活は終わったが，この先の青写真ができていたわけではなかった。退職金はわずかだったが，最後まで相談の最前線で仕事ができたのは何よりだった。

「部下の手柄は上司が奪い，上司の失敗は部下に取らせる」というぼくの管理職像は今も変わらない。事例11に挙げたケースを病院に連れて行く途中で事故を起こしていたら，きっとぼくの責任にされていたことだろう。ぼくは自分が組織人間ではないことが分かりながらも，27年間公務員生活を続けていた。「このままでは自分が駄目になる」その直感は当たっていたと思う。再起不能のうつ状態に入るのは必至だったからだ。

「ピーターパンの短剣」
（50代・男性・アルコール依存症）

現場は「モグラ叩き」状態

　以前から希望していた精神保健福祉相談員として，ぼくは所沢保健所に異動した。ところが管内人口が30万人なのに，相談員はぼく1人だった。あちらで問題が起きれば飛んでゆき，こちらで問題が起きれば飛んでゆく。それは大火になる前に小火で消し止めるような作業だった。まるで「モグラ叩き」のようだと思った。自分が考えていた活動とは全く違っていた。継続相談しながら解決を図るようなものではなかったのである。

　ある日一人の男性が電話をかけてきた。「自分はアル中なので精神科病院に入院したい」と言うのだ。精神科病院は数多くあるが，アルコール依存症の患者を入院させてくれる病院は限られている。薬物依存症の患者はさらに嫌われているので，国公立の病院くらいしか入院させてもらえない。所沢市は埼玉県の西部に位置しており，アルコール依存症の患者を入院させてくれる病院はない。東京都に接しているので都内の病院を探すことになる。

　だが，その前に確かめなければならないことがある。それは本人が本当に酒をやめたいと思っているかどうかだ。衣食住に困った人を精神科病院に入院させるわけにはゆかない。電話の相手にぼくはこう聞いた。

　「本当に酒をやめたいんですか」「本当だ」「本当ですね」

　そんなやりとりが何回も繰り返された。

　「では詳しい話を聞きたいので保健所に来てください」そう言って，日時を指定した。その日，50歳をすでに過ぎたと思われる男性が保健所に現れた。

　手にはセカンドバッグを持っている。カウンターの前に立つと，やにわにそのバッグのファスナーをスッと開けた。中から取り出したのはピーターパンが使うような短剣だった。「ここに来るまでこれを使わなくてよ

かった」と彼は言った。ぼくも同じ言葉を繰り返し，短剣を素早く受け取ると職場の一番奥にある倉庫へ走った。今にして思えばそれが精神科病院に入るための芝居だったかもしれないが。

「アルコール関連問題」という視点

それから何軒も都内の精神科病院に電話をかけると，やっと受け入れてくれる病院を見つけることができた。車で行ったことがない病院だったので，雨の中を地図を片手に出発することになったが，保健所の職員には誰も同行してもらえなかった。軽自動車の後部座席に彼を乗せると，時折嘔吐しそうな声が背後から聞こえてくる。「お願いだから車の中では吐かないで。あと少しで着きそうだから」とぼくは言い続けた。

診察の結果，入院が決まったので職場の上司に電話をしたが，上司はどこにいるのか分からない。翌日その病院から怒りの電話がきた。

「今までに他の精神科病院にも入っていたことは分かったが，入っていないときは刑務所にいたそうじゃないか」

アルコールが原因で事件を起こしたのなら，病院の役割は治療することだが，イライラの八つ当たり電話だった。ぼくは入院した患者は見ていたが，治療に繋がる前の攻防を見ることがなかった。

あるアルコール依存症の相談は，腹水が大量に溜まった状態だった。同行した彼の娘にぼくは「まず内科に入院してこの水を取ることが先です。アルコール依存症の治療はその後です」と言った。「アルコール関連問題」という言葉がある。たとえアルコール依存症という診断がされていなくても，アルコールが原因で仕事や家庭，人間関係，健康状態などの社会生活に支障が出ているのなら，その人にはアルコール問題があるので，治療が必要になる。「アルコール関連問題」という視点は実践に役立つものだ。

入院前に本人の治療意欲を確認することが第一だが，酒が抜けると治療意欲も抜けてしまうことがしばしばある。保健所の仕事は入院先を見つけて，そこに送り届ければ終わりというわけにはゆかない。入院した病院との連携や退院後は地域でどのようにサポートしてゆくか，その先を見据えたかかわりが必要だ。しかし保健所にはそうしたかかわりをするだけの時

事例
11

間もなければ，スタッフもいないのが現状だ。多くの課題を残した事例だった。

　児童相談所でも全く同じ課題があったが人的サービスの不足は，日常的な課題になっている。

アルコール家族教室

家族の回復プログラム

　保健所にはアルコール依存症者の家族も相談にくる。アルコール依存症者に「酒をやめろ」と言うことほどナンセンスなことはない。しかし家族は必死にやめさせようとする。本人もやめなければいけないことは，百も承知だ。しかし酒を《必要》とするために，やめたくてもやめられないのだ。つまり意志の弱さなどではない。そのため本人と近い距離にいる人間ほど巻き込まれてしまう。だから回復プログラムは本人にも家族にも援助者にも《必要》になる。このうち保健所でできるのは家族プログラムだ。

　所沢保健所と狭山保健所は同じ西武線で繋がっている。そこで所沢市民と狭山市民の両方が利用できるアルコール家族プログラムを，狭山保健所のソーシャルワーカーと一緒に考えた。毎月4回でワンクールにすれば，所沢保健所で開いた4回のうち，1回欠席しても翌月狭山保健所で補える。したがって4回の内容はおおむね同じものにした。一つの相談機関だけで援助を考えるよりも，このように連携した援助は利用者の助けになったのではないだろうか。

　1週目はアルコール依存症について（精神科医），2週目は回復するための社会資源について（ソーシャルワーカー），3週目は回復した本人の話，4週目は回復した家族の話，それが終わったら家族の相互援助グループのミーティングにみんなで行こう。そう計画したのだが，最後の部分は相互援助グループからの協力が得られず，残念な結果に終わってしまった。家族の相互援助グループ側も，メッセージの機会を失ったことは大きな損失だったと思う。

こころの相談室リカバリー52~76歳
（1998.6~現在）

Caught：July 9, 1997, Last Mountain
Lake, 31 inches, 8 LBS.

２人の「水先案内人」

　ぼくが個人相談室を開こうと考えたとき，２人の先輩から助言をいただいた。１人はぼくよりも先に公務員を辞めて相談室を開いていた金井泰明さんだ。彼の助言は的確だった。「今は気持ちが高揚しているかもしれないが，家賃が高い部屋は借りないこと。車を１台買えるくらいの資金は必要になること。１日に受ける相談は６件までにすること。週に２日は休むこと。１〜２年は相談があまりないので，今までに読めなかった本を読む時間がたっぷり取れる」。

　もう１人は中村佐津保さんだ。彼女が主宰する相談室の事例検討会で，ぼくはスーパーバイザー役を何度か頼まれた。公務員時代にはやらずに済んだことだったが，その彼女からは確定申告の書き方や経費対象を教えてもらって大いに助けられた。ぼくにとってこの２人は「水先案内人」になってくれた。公務員のころは経済的に安定できたが，組織の中で動くには自由度がなさすぎた。それに短期的な転勤は継続したかかわりをたびたび分断した。しかしもうそうしたしがらみは，すっかりなくなった。

　特例を除けば，好きで病気になる人はいない。アルコール依存症者は確かに酒が好きだったと思うが，その病気になりたくて酒を飲んでいたわけではないだろう。ではなぜ飲んだのか？　それは飲むことによって利益があったからだ。「疾病利得」という言葉があるが，彼らはアルコール依存症になることによって怒りや悲しみ，寂しさや孤独感を麻痺させることができたのだ。それはギャンブル依存症でも，性依存症でも同じで，怒り依存症ならもっと分かりやすいかもしれない。

「リカバリー」の由来

　ぼくは公務員として27年間相談活動をしていたが，52歳のときに疲弊退職し，「こころの相談室リカバリー」を立ち上げた。以前から計画していたことではなかったので，相談室の場所探しから始め，看板やパンフレット，事務用品などをあたふたと準備することになった。相談にも「契約」が大事なことを教えてくれたのは，精神科病院に40年も入院していた患者たちだった。当時の精神科病院には「治療契約」などなかったのである。

　JR武蔵浦和駅は東西に武蔵野線，南北に埼京線が走っているので交通の便がいい。駅から相談室までは5〜6分だ。駅前の精神科病院を右折して200mほど歩くとラブホテルがある。そこを左折した50mほど先に葬儀屋があり，その裏の「グレンツェン」（境界）というプレートがついたアパートをぼくは借りた。1階のその部屋は南向きの明るい角部屋だった。少し離れた堀からドブの臭いがしてこないかと心配したが，ときどき線香の匂いは漂ってきた。なんだか人生の縮図を見ているようなエリアだった。

　「なぜリカバリーという名前をつけたのか？」と今でもときどき聞かれることがある。クライエントには回復する力があると信じるところからカウンセリングはスタートする。顔面麻痺になったとき，ぼく自身が経験したことだった。そのお手伝いをする場がここだと考えたので「リカバリー」という名前がそれにふさわしいと思った。名前が決まるとシンボルマークも欲しくなった。そこで以前『My Story』の装丁をお願いした薬物依存症者にまた連絡した。2人で回復のイメージを考え抜いて決めたのがアンモナイトだった。回復は直線的ではなく，螺旋状だからだ。

　パンフレットには相談例も載せた。

　「イライラしやすい／ひとつのことにこだわる／不安・緊張が強い／勉強や仕事に集中できない／やる気が出ない／よく眠れない／気分が落ち込む／いつも体の調子が悪い／なにごとにも自信がない／友達ができない／家族関係がうまくゆかない／学校に行けない／落ち着きがない／夜尿がある／まばたきが多い／ギャンブルがやめられない／アルコールや薬物の問題がある／拒食や過食がある／恋愛や性の問題がある／仕事が続かない／ひきこもりが続いている／何度も手を洗わないと気がすまない／盗みを繰

り返す／その他」

イエローカードとレッドカード

　ぼくが取り入れさせてもらったカウンセリング契約は，当時センセーションを巻き起こした『愛しすぎる女たち』の著者ロビン・ノーウッドの方法だった。彼女がカウンセリングを引き受ける条件は，相互援助グループのミーティングに参加することだった。治療の初期に「提案」などしても意味がない。「もしよかったら一緒にやりませんか」などと言えば，「よくないからやりません」という答えを返されてもおかしくはないからだ。

　治療の初期に必要なのは「強要」である。ぼくは相談に来られた方にこう伝えている。「この相談室の利用条件は相互援助グループのミーティングに参加することです。ミーティングに参加されないと，ぼくはイエローカードを出します。それでも参加されない場合はレッドカードになります。つまり，残念ですが相談は終わりということです」。そして実際に２種類のカードを作った。こうしてクライエントの多くは仕方なくミーティングに参加することになる。

　「行けたら行きます」と言う人は，最初から行く気のない人だ。やりたいことをやって病気になったとは言わないが，やりたくないことをやらなければ回復などできるものではない。実際にミーティングに定着したクライエントの回復の姿には目を見張るものがある。それはまぎれもなくミーティングの効用を表わしている。ぼくもミーティングに参加していなければ，ミーティングへの参加を「強要」できないのは当然のことだ。

カウンセリングの目的と常套句

　ぼくはクライエントにこう伝えている。

　「カウンセリングの目的は自己理解です。その方法として，ぼくは来談者中心療法と物語療法を組み合わせたカウンセリングをしています。自分の物語は生育史という縦糸と原家族関係という横糸が複雑に絡み合いながら織り上げられてゆきます。一緒にその作業をしながら『自分は何者であるか』を理解してゆきましょう」

そしてクライエントから聴いた話をワープロで打ち，完成するとそれを差し上げている。これが12ステップ・プログラムに繋がるのだ。

カウンセリングと並行して相互援助グループのミーティングに参加すれば，車の両輪のようになって成長を助けてくれる。そして物語が少しずつ変わってゆく。依存症者は万難を排して依存対象を手に入れようとしてきたのだから，莫大なエネルギーの持ち主のはずだ。今度はそのエネルギーを良いことに使えばいいだけの話だ。しかし一度はミーティングに参加しても，続けて参加する人の数が少ないことはとても残念だ。

「過去と他人は変えられない」「自分の人生の責任は自分にある」

この2つはカウンセリングの常套句だ。「過去と他人は変えられない」と言ったのは，精神科医のエリック・バーン（1910-1970）だ。この言葉がエッセンスになっているのが神学者ラインホルト・ニーバー（1892-1971）の唱えた「平安の祈り」である。「ゲシュタルトの祈り」は精神科医フレデリック・S.パールズ（1893-1970）の祈りだが，3人の生誕年と没年が似ているのは興味深い。

プロの三原則

AAでは「いつもどのようであったか，何が起こったか，今どのようであるか」をプロットにして自分を語る。それは「過去，転機，現在」と言い換えることができるし，「問題，ターニング・ポイント，解決」と言い換えることもできるだろう。人は同じことしか話せないし，書けないという。ぼくも自分が話してきたことや書いたものを読むと，確かにそう思う。伝えたい本質が大きく変わることはないからだ。でも回復が進むと物語は少しずつ深くなってゆく。

ダルクの近藤恒夫さんから聞いた話がある。ハワイで開かれるNAの大会に行こうとしたときのことだった。当時はビザが必要だったので，彼はアメリカ大使館に行き，「私には犯罪歴があるがビザを取れるか」と大使館員に尋ねた。しばらく待たされたが，大使館員は近藤さんにビザを手渡した。「ええっ！　いいんですか？」と聞くと，「アメリカ合衆国はかつてあなたがどうであったかは問いません。あなたが今どのようであるかが大

事だからです」と言ったという。感動的なエピソードだ。

　公的機関では相談料をいただかなかったためか，相談室を始めたころは，料金をいただくのをたびたび忘れてしまった。次の予約日を決める流れに乗るとそうなることが分かったが，領収証を用意していなかったためでもあった。お金をいただくようになってから，ぼくはプロ意識がより強くなったように思う。そして自分が成長したり回復したりするためのお金や時間を惜しまなくなった。「成長や回復のための行動ならわがままとは言わない」と言ったアメリカのソーシャルワーカーの言葉がぼくを勇気づけてくれた。

　プロの三原則としてぼくが考えたのは，カウンセリングを受け，自分の問題は何かをまず探すことだ。それが見つかったら同じ問題から回復しようとしている人たちの集まりに参加する。それでも人間は間違いをする存在だから，スーパービジョンを受けながら軌道修正をすることだった。ぼくは相互援助グループのミーティングに週2回参加を始めてから，もう35年以上になる。カウンセリングと相互援助グループのミーティングは，回復するための必須条件だ。

ぼくのパターン

　立派な開所パーティなどは開けないので，心ばかりのティーパーティを開いた。すると8坪しかないワンルームに当事者や家族，援助者など100名を超える方々が来てくれた。相談室の外には行列ができるほどで，室内には胡蝶蘭や観葉植物の鉢が次々に並んでいった。そのときにいただいたオーガスタやカポックは今も健在だ。大勢の方々から支えられていることを実感するとともに，これから始める活動に身が引き締まる思いがした。

　翌週はぼくがカウンセリングに行く日だった。「大勢お祝いに来てくれたが，以前の職場の人たちはほとんど来てくれなかった」そうぼくは言った。すると彼は「ああ，それは残念だった」と皮肉っぽく言った。何を言いたいのだろうとぼくは思った。たくさん感謝すべきことがあるのに，ぼくは否定的な部分に目を向けて，肯定的な部分に目を向けていなかったのだ。やっとこれも自分のパターンなのだと気がついた。

お礼状は「無力な私ですが，これからも皆様から支持していただける活動を目指してゆきたいと思っておりますので，どうぞよろしくお願いします」という言葉で結んだ。いよいよ「27年間の研修」を活かすときがきた。

今月の家賃を払えるだろうか

「相談室を開いたばかりでお忙しいでしょうが，うちの大学に来てくれませんか」。ある日，東京国際大学の村井美紀先生から電話をいただいた。「いや毎日ひまですよ」ぼくは笑いながら非常勤講師の話を引き受けた。その大学は2年間だったが，その後宇都宮大学の長谷川万由美先生と，上尾看護専門学校の石田文代先生から非常勤講師の依頼があり，それぞれの学校で10年間ずつ教育に携わることができた。そのことは毎月の家賃を払えるだろうかというぼくの不安を払拭してくれた。やがて講義や講演，執筆依頼などが少しずつ増えていった。

最後の授業になった日，宇都宮大学では学生たちから寄せ書きをいただいた。上尾看護専門学校では授業が終わると「少しここで待っていてください」と言われて教室で待たされた。そのあと学生に案内されて行った先は講堂だった。そこにはぼくのための卒業式が用意されていた。学生時代は大学闘争があり卒業式がなかった話を学生たちは覚えていたのだ。そして立派な卒業証書をいただき，ぼくは感動した。

相談時間は60分だが，終了時間はどのように知らせようか。タイマーやベルでは味気ないし……，あれこれ考えた末に選んだのは砂時計だった。これをクライエントとぼくが見える位置に置けば，互いにおおよそ時間が分かる。アルコール問題を抱えた男性が娘に連れられてやってきたときのことだ。アルコールがまだ抜けていないのか彼はぼんやりした表情だった。しかし終了時刻が近づくとその彼は砂時計をクルッとひっくり返したので，娘もぼくも驚いた。

情状証人として法廷に立つ

やがてこの相談室の傾向が見えてきた。それは依存症の相談が増えてきたということで，それに伴って弁護士からの依頼も増えだした。性犯罪や

窃盗は，刑事事件であると同時に依存症の病気でもあるからだ。刑務所に入れれば問題が解決するわけではない。だから性依存症や窃盗症（クレプトマニア）という病気でもあることを，意見書に書いて裁判所に提出したり，情状証人になって法廷で理解を求めるのだ。裁判では弁護士と検察官と裁判官の三者から質問を受けることになる。

　ぼくは被告を弁護する側なので，あるとき想定内ではあったが検察官から「証人はどのような資格を持っているのか」と質問されたことがあった。ぼくが「人助けに免許や資格が必要ですか？」と逆に尋ねると，その検事は黙ってしまった。時間があれば「川で溺れている人を見ても，私には水難救助員の資格がないからと言って，検事さんは通り過ぎてしまうんですか」とよけいなことを言っていたかもしれない。でも時間がなくてよかった。

病気は人を選ばない

　アメリカのボストングローブ紙が，聖職者の性的虐待問題のキャンペーンを始めたのは2002年のことだった。30年にわたってボストン教区のいくつかの小教区で，130人もの少年たちに性的虐待をしたゲーガン元神父（当時66歳）の裁判がその年の1月に始まった。アメリカのメリーランド州にはセント・ルーク・インスティテュートという性的問題を抱えた聖職者のための治療施設がある。依存症も人を選ばない病気だということだ。ぼくは2008年にこの施設を訪問した。

　ゲーガン神父の事件を隠蔽しようとした枢機卿（すうきけい）も訴えられた。アメリカで起きたこのような事件は日本でも起きているかもしれない。そう日本のカトリック教会は考えた。そこで東京都江東区潮見にあるカトリック中央協議会にぼくは招かれ，依存症の基礎知識を話す機会が与えられた。日本のカトリック教会は全国を16の教区に分け，そこに司教を置いているが，西日本にある教区からは宿泊研修で性依存の話をしてほしいという依頼もきた。聖職も援助職なのだ。

「医者よ自分自身を癒せ」

援助職は知識の集積や技術の研鑽には熱心だが，セルフケア（メンタルケアとフィジカルケア）にもそれと同じくらい熱心だろうか。新約聖書ルカ伝第4章23節では，医者が自らを治せと諭している。フランスには「医者よ自分自身を癒せ」という諺があるし，日本にも「医者の不養生」とか「紺屋の白袴」「坊主の不信心」などの諺がある。「自分のことは後回しにする」という同じ意味だろう。相手の話を傾聴するには，想像以上の体力を要する。だからセルフケアは援助職にとって欠かすことのできないものなのだ。

親が小さな子どもと飛行機に乗っていたとき，急に天井から酸素マスクが降りてきたら，どちらが先にマスクをつけるべきだろうか。むろん親から付けなければ2人とも死んでしまう。「献身的」という言葉はきれいだが，自分のケアができずに他人のケアができるとは思えない。実際に相互援助グループのセミナーやミーティングで援助職の姿を見かけることは少ないし，見かけるのがたいてい同じ人なのは残念なことだ。「援助職も自分自身を癒せ」だろう。

不倫の結末は，刺した・刺された・心中した

不倫も性依存症のひとつだが，ぼくにもこの問題があった。誰にも知られてはならないという気持ちと，ちょっとだけなら知られたい気持ちがあった。それが付き合い始めたころのスリル感と刺激だった。もちろん罪悪感はあったが，そんな感情は押し殺した。ぼくは完全に狂気だった。「こんなに純粋な愛はない」と本気で思っていたのだ。やがて彼女に会った帰り道では，小さな小石が胸に飛び込んできた。それでも会いに行くことがやめられずにいると，その小石はしだいに大きくなっていった。不倫の結末は，「刺した・刺された・心中した」だ。ぼくがあのまま不倫を続けていたら，そのどれかになっていただろう。

『アルコホーリクス・アノニマス』には「中途半端は何の役にも立たない」と書かれている。全くそのとおりだった。短い期間はやめていても，再燃すると以前よりもひどくなった。依存症を意志の力でコントロールするこ

とはできない。ぼくは真夜中に町外れのお寺に行って「ぼくを助けてください」と祈ったこともある。幸いにもぼくはAAに出会えたので，12ステップ・プログラムがぼくの命を救ってくれた。偉大な力がぼくを正気に戻してくれると信じるようになったのだ。

　ぼくは自分が性依存症だと認めたくなかった。最悪の依存症だという偏見がぼくにはあったからだ。だから性犯罪に走る人などは，とんでもない人だと思っていた。ところが「性の問題は誰にでもある。もしなかったら人間とは言えない」と，『アルコホーリクス・アノニマス』の100頁に書いてあるのを見たとき，ぼくはほっとした。性の問題を持っているのは，ぼくだけじゃないんだと思ったし，職業と同じように依存症にも貴賤などないことがやっと分かったからだった。

　酒を飲みたければ買いに行かなければならないし，パチンコをしたければ店へ走らなければならない。でも性なら身近にあるし，お金もかからないので，いつでもどこでも手に入れられる。だから素面で生きるのが一番難しい依存対象が性だろう。

　「対等・平等・公平」の精神に反する出来事があると，「ロッキーのテーマソング」が聞こえてくる。ぼくの薄っぺらな正義感に火がつき，無謀な戦いに挑んでしまう。結果はいつも満身創痍になり，あの鎮痛・麻酔薬が《必要》になった。同じことを繰り返すということは，どこを変えればいいのかが分かっていないからだ。AAメンバーの一人が「俺はカッとなったときに酒を飲んだが，それはいつも相手を変えたいときだった」と言うのを聞いて，ぼくも全く同じだと思った。

　内なる声が聞こえる。「おまえはまだ戦うのか？」

メッセージを運ぶ

　「飲む・打つ・買うは男の甲斐性」ではなく三大依存症だということは前述した。ぼくは下戸なので酒が飲めない。学生時代の飲み会は苦痛だった思い出しかない。ギャンブルは賭け方や点数などが面倒に思えて熱くなれなかった。しかし「買う」ことに，はまってしまった。風俗に行かなかったのは性病にかかることを恐れたためだったが，それが抑止力になった。

ところが不倫は止まらなかった。12ステップの最初のステップには「生きていくことがどうにもならなくなったことを認めた」と書かれている。ぼくの場合はそれが「性」だった。

　AAのメンバーたちが「今週は病院メッセージだ」とか「施設メッセージだ」とか話しているのをときどき聞いていた。では性依存症者はどこへメッセージを運んだらよいのだろう。7年ほど前のことだ。川越少年刑務所の中村修先生から電話がかかってきた。研修会講師を頼んでいた先生が急病になったので，代わりをやってほしいという依頼だった。その電話をいただいたとき，これがぼくの待っていたメッセージの機会だと直感した。

　中村先生は川越少年刑務所の教育部に所属し，受刑者の教育を長くされている。ぼくが最初にお会いしたのは精神保健総合センターのアルコール病棟にいたときだった。10人ほどのスタッフで刑務所内の依存症教育を見学させてほしいと申し入れると快く応じてくれた。それから10年ほどしたとき，法務省が性犯罪者処遇プログラム研究会を立ち上げ，ぼくがゲストで招かれた場で再会し，さらにその10年後に今回の講師依頼をされたのだった。

　その講演には東日本の刑事施設で性犯罪者の処遇にかかわっている職員が参加していた。性犯罪者には刑事責任と性依存症からの回復責任があるので，両方に取り組む必要がある。ぼく自身も性の問題で社会生活が破綻した性依存症者なので，どのようにして回復に取り組んでいるかを話した。それを聴いていた教育部長から「性犯罪再犯防止プログラムに協力してほしい」と言われたが，メッセージ活動はぼく一人でできることではないので即答は避けた。

　受刑者処遇の中核は，作業のほか，改善指導および教科指導である。改善指導には一般改善指導および特別改善指導があり，特別改善指導には，①薬物依存離脱指導，②暴力団離脱指導，③性犯罪再犯防止指導，④被害者の視点を取り入れた教育，⑤交通安全指導，⑥就労支援指導の6つがある。この③性犯罪再犯防止指導のことをR3と呼んでおり，毎年10人以下の10グループに1回ずつぼくと相互援助グループの仲間が入り，受刑者と90分間の分かち合いをしている。

刑事施設は自由を制限される場だが，一般社会は対照的に自由を保障される場である。そのため相互援助グループが「言っぱなし・聴きっぱなし」で互いに意見を言わないルールであったり，準備のできた人から発言するということに違和感を持つ受刑者もいるようだ。刑務所内では指示されないと動いてはいけないとか，自分で判断することが許されないルール環境だからだ。しかし出所すれば真逆の世界なので，そのギャップを埋めるのは大変だろう。ちなみに，刑務所内での刑務作業が必須の懲役刑と任意の禁錮刑を一本化し，「拘禁刑」を新設する改正刑法が2022年6月に成立し，3年後をめどに施行されることになった。

ぼくのテーマ

ぼくは長い間，「ぼくを認めて！　ぼくを褒めて！　ぼくを受け入れて！」と父親に承認を求め続けた。いくら求めても駄目だと分かると，今度は父親代わりの人たちにそれを求めて行った。だからぼくが抱えているテーマは「承認欲求」だと思っていた。部活の先輩・顧問→クラス担任→職場の上司→ぼく自身で，最後に辿り着けた相手が「正解」だった。「承認欲求」を満たすのは自分しかいないことに気がついたのだ。

だが，テーマは「承認欲求」だけではなかった。「承認欲求」の上に「飢餓感情」があったのだ。その深部にあるのは母親に対する「愛情欲求」である。愛着につまずいた後も，基本的信頼関係が築けない状態はずっと続いた。やがて，「愛情欲求」は結婚相手や不倫相手に繋がっていったのだが，それも他者に求めるものではなく，自分自身で満たすものだということがやっと分かった。さらに発見したのは，「承認欲求」の下に「低い自己肯定感情」があることだった。

こうしてぼくのテーマは「飢餓感情」と「承認欲求」と「低い自己肯定感情」が三層構造になっているのだと思った。しかしクレプトマニア（窃盗症）の症状にある「枯渇感情」や「溜め込み行動」は，自分にもあることが見えてきた。この二つはモノが減ってくることへの不安から起きるものだが，収集癖はまさにその典型だろう。つまりテーマは層になっていると考えるよりも，多面的に繋がっていると考えたほうがよさそうだ。もち

ろん底流にあるのは「低い自己肯定感情」の問題で，これをどのようにして高めるかが鍵になる。

　「飢餓感情」を癒すためには自分自身に愛情を注ぎ，「承認欲求」を満たすためには自分自身を承認し，「自己肯定感情」を上げるためには自分自身を育む。それができるようになれば，「枯渇感情」や「溜め込み行動」の問題も小さくなってゆくのではないだろうか。「自信」を四字熟語にすれば「自己信頼」になる。「自己不信」が自己肯定感情の成長を阻んでいたのだから，これもひっくり返せば解決できるということだ。自分から主体的に動かなければ，いくら待っていても答えは得られない。

聖フランチェスコの祈り

> 神さま，私をあなたの平和の道具としてお使いください。
> 憎しみのあるところに愛を，
> いさかいのあるところにゆるしを，
> 分裂のあるところに一致を，
> 疑惑のあるところに信仰を，
> 誤りのあるところに真理を，
> 闇に光を，
> 悲しみのあるところに喜びをもたらすものとしてください。
> 慰められるよりは慰めることを，
> 理解されるよりは理解することを，
> 愛されるよりは愛することを，
> 私が求めますように。
> 私たちは与えるから受け，
> ゆるすからゆるされ，
> 自分を捨てて死に，
> 永遠のいのちをいただくのですから

　ぼくがこの祈りに出会ったのは，いつのことだろうか。祈りの言葉は，ぼくの生き方に問いかけをしているようだった。ぼくはいつも能動的では

なく，受動的な生き方をしていた。自分から主体的に動くのではなく，与えられることをただ待っていたのだ。まさに人間にも生き方にも依存的だった。

　ぼくは病気になりたくて病気になったわけではない。だからぼくが病気になったことはぼくの責任ではないが，ぼくには病気から回復する責任がある。ぼくの責任とは，自分の病気から何を学び，自分の人生にそれをどう活かすかだ。仲間の回復度合いはよく分かるが，自分の回復度合いは自分では分からない。ぼくは「今日一日」自分のプログラムをしっかりこなすだけだ。

小さな成功体験（スモール・ビクトリー）

　12ステップ・プログラムでは，人生の棚卸しをする。ステップ4で，恨みや恐れ，性の問題などを4列で書き出してゆく。1列目は誰に，2列目は何をされて，3列目は自分の何が傷ついたかだ。大切なのは4列目で，ところで自分の問題は何かである。そこまで書き出したときに，自分の過ちの本質が何であったかが明らかになる。

　この作業では「負債」を見つけるだけでなく，「資産」も見つけるようにと書かれている。「負債」は「短所」というよりも自分が変えるべきところ，「資産」は「長所」というよりも自分がもっと伸ばすべきところ，とぼくは表現している。

　ぼくの「負債」は何だろう？　恨みに繋がるものには，感情の二日酔いやカッとなる怒りや裁きたい感情，不寛容などがあり，恐れに繋がるものには，誤ったプライドや先取り不安，狼狽，不信などが見つかった。では，ぼくの「資産」は何だろう？　ぼくが考えたものは，興味・趣味・関心事・性格などで自分が良いと思うところ，他人から褒められたこと，自分を支えてくれた人，自分が感謝している人，努力したこと，獲得したり達成したこと，成功体験や失敗体験，自分で誇れるもの，人を助けた体験や助けられた体験，その他自分で「資産」だと思うことだ。こうした「良いとこ探し」は，自己肯定感情を高め，自信に繋がってゆくので，ぼくはそれを『資産目録』と書いた自分のノートに書き込んでいる。

　自己肯定感情を伸ばすヒントはこの辺にありそうだ。ぼくは生育史に沿って自分の小さな成功体験（Small Victory）を一つひとつ思い起こした。すると自己信頼（セルフコンフィデンス）が生まれ，やがてそれが自己肯定感情を育ててゆくのを実感した。ブレない自己評価を確立できれば，他者評価に一喜一憂することはなくなるはずだ。

　行動力がある。整理整頓が得意。アイディアマン。直感力がある。体力がある。献血を数多くしてきた。魚の採集や飼育が好き。自分の成長や回復のためなら時間もお金も惜しまない。文章表現が好き。物を大切にする。集中力がある。魂を売らない。自分の信念を曲げない。嘘をつかなくなった。約束を守る。性格がオープン。時間に正確。日曜大工が好き。木版画を続けている。ソーバーが続いている。自分の物語の書き替え作業を続けている……。

　ある人が「人間は神様から200個良い特性を与えられている」と言ったそうだが，ぼくの『資産目録』には48個しか書かれていないので，自分では気づいていない良い特性がまだあるのかもしれない。

　成功体験のない人などいないだろう。「自分にはそんなものはない」と思っている人がいるかもしれないが，今生き延びていることこそ大きな成功体験ではないのか。サバイバーであることは，誰からも否定されるものではない。

　スティーブ・マックイーンが主演した『パピヨン』という映画は，売春婦殺しで冤罪になったアンリ・シャリエールの実話である。南海の孤島に作られた刑務所から脱出するために，断崖から海に飛び込むのだ。ヤシの実で作った筏の上で主人公が叫ぶシーンがある。「おーいテメエら，俺は生きているぜ！」。

　ぼくは性依存症者で，共依存症者で，ＡＣで，心身の暴力もたくさん受けてきた人間だ。そのどれもぼくのアイデンティティだが，サバイバー（生還者）こそ最大の成功体験だ。

　ぼくは父親と人生のオセロゲームをしたつもりはなかったが，父親が置いた黒のディスクには「手先が不器用」「運動神経が鈍い」と書かれていた。しかしぼくは木版画を続けているし，ある大学ではテニスの非常勤講師に

もなった。「意志が弱い」と書かれたディスクもあったが，寒稽古は4時に起きて8年参加した。「要領が悪い」のは相変わらずだが，それはぼくの持ち味だと思えるようになった。つまり黒のディスクのほとんどが，白に変わっている。

「逆説」（パラドックス）は，いわゆる「常識」をひっくり返したときに，生まれるものだ。依存症の世界ではそうした「逆説」がしばしば見られる。「病気になったことは恵み」「恨みが感謝に変わる」「無力を認めたとき回復が始まる」「自分が気づくために問題が与えられる」「嫌いな人は自分の鏡」「手を放せ」「重症のやつほど回復がいい」「自分の意志を使わず神の意志に従え」「希望を持つのはいい。だが期待はするな」。どれもぼくには首肯できる言葉だ。

母親像

ある日，ぼくは父親の車を借りて，河川敷に行った。その帰りにぼくは土手の道路標識を傷つけてしまった。すぐに市役所へ行ってそのことを謝り，弁償する手続きも取った。家に戻るとその話をさっそく母親にした。すると「明日からお父さんは車で仕事に行けなくなっちゃうじゃないの！」と強く責められた。

「怪我はしなかったの？」と，ぼくに聞いてほしかったが，そんな言葉は出てこなかった。

父親から「何か欲しいものはないか」と珍しく聞かれたことがあったので，ぼくは「電気シェーバーが欲しい」と言った。するとそばにいた母親は「髭なんか生えてないじゃない」と真顔で言ったのだ。ああこの人は，年ごろの男の子の気持ちなど分からないんだなとぼくは思った。子どものころから「お母さんはどう思う？」と聞くと，「私の意見はお父さんと一緒」それがいつも母親の答えだった。3人家族で2：1。それはずっと続き，ぼくの味方はこの家にはいないんだと何度思ったか分からない。

父親との間で起きたエピソードの多くは，父親の強い学歴コンプレックスが刺激されたとき，ぼくへの「怒り」に引火したのだと思う。一方，母親のほうは子ども時代の機能不全家庭での体験が想起されたとき，「不安」

が再燃したのではないだろうか。いずれにしても，父親からの「怒り」と母親からの「不安」でダブル・コントロールされながらぼくは生きてきた。「一人っ子」を羨望する人たちに，ぼくの生きづらさを理解してもらうことなどできないだろう。

　母親の心に小さな不安が生まれると，それを自分でどんどん増殖させるのがいつものパターンだ。そしてぼくは不安の渦に巻き込まれる。ぼくが新しい家を建てるとき，作業員たちは古い家を小型のショベルカーで壊すと，夕方帰って行った。すると仮住まいしていたアパートに電話がかかってきた。「工事の人たちが帰ってしまったけど，夜中にあのショベルカーを誰かが運転して私の家を壊しにきたらどうしよう……」「心配なら泊まりに行ってあげようか」こんなやりとりは珍しくないのだ。

母性的ではないが家庭的

　母親は家庭的な人で，家事はよくこなしたが，母性的な人ではなかった。祖母の胎内にいたときに祖父はスペイン風邪で亡くなったので，母親は写真でしか祖父の顔を知らない。祖母は遠縁にいた人と再婚した。ところがこの継父にはアルコールと暴力の問題があった。母親には姉がいたが病弱だったので，生まれてきた弟や妹の世話や家事は全部母親がやらされたらしい。その継父が夜は酒を飲んで暴れるので，姉と一緒に逃げ惑う娘時代を送っていたのだ。

　でもぼくが求めていたのは母性的な母親だった。思春期になると女優の池内淳子さんに憧れた。「しょうがないわねえ」と笑いながら，何度失敗しても受け入れてくれるような女性だ。だからぼくの飢餓感情の中軸にあるのは，人恋しさだ。もっと正確に言うのなら，人肌恋しいのだろう。ぼくが恋愛対象に選ぶ女性は，当然受容的な人になった。症状選択という言葉や職業選択という言葉があるが，配偶者選択にもぼくの生育史が投影されている。

　数年前，ぼくはある大学から体育教員（テニス専任）の要請を受けた。書類を準備しながらその話をすると，いつもなら否定語が飛び出す母親は「できるんじゃない」とあっさり言ったのでぼくは驚いた。母親はぼくが

日本テニス協会の公認指導員やデビスカップの審判団に入っていたことを知っていたのだろうか。

　ぼくが父親に「承認欲求」を向けたのは，多少の期待があったからだが，母親に向けなかったのは「飢餓感情」のほうがはるかに大きかったからだった。

　ぼくが子どものころ，テトと聞こえるようなラッパの音を出しながら，目には黒い眼帯のようなものを付けた荷馬車をときどき町で見かけた。それはブリンカー（遮眼革）と呼ばれるもので，視界の一部を直接遮ることにより，馬の意識をひとつのことに集中させるために付けるものだった。母親は日ごろから周囲をよく見ないで行動するので，家の中でヤカンを蹴飛ばしたこともある。そんな母親に父親は「テト」という渾名をつけていた。

　怒り依存症の父親と不安依存症（不安神経症）の母親に育てられて，ぼくが依存症になるのは不思議なことではなかったのだ。

1枚のメダル

　ぼくが初めてAAの国際大会に参加したのは，1990年の55周年記念シアトル大会だった。巨大なスタジアムでは観客席ばかりでなく，フィールドも人々で溢れていた。ネームカードにはAAという名前を入れていなかったが，本人はブルー，家族はレッド，関係者はイエローと色分けされていた。さすがにイエローは少なかったので，同じ色の参加者から「君はどういう関係者？」と尋ねられた。3日間の大会は圧巻だった。世界中から何万人も集まってきていたからだ。

　1週間の休暇をとって参加したので，大会以外にもどこかに行こうとぼくは思っていた。当時は越谷児童相談所に勤務していたので，シアトルにある子どもの施設を訪問してみたかった。ぼくはホテルの電話帳から，それらしき施設を探して電話するとひとつの施設に繋がった。約束した日，その施設の人がホテルまで迎えに来てくれた。彼女は外に出ると，突然空を見上げて叫んだ「白頭鷲だわ」。大統領の演説台についているあの鷲が大空をゆっくりと飛んで行った。

　彼女の車には黒い大型犬が乗っていたので，ぼくは一瞬ビクッとした。その施設は学齢前の被虐待児が通っている施設で，彼女は施設長のケネディさんだった。中を案内してもらうと，幼児の高さの壁に「警察を呼びなさい」とか「消防を呼びなさい」などと書かれた紙が貼られていた。施設のバスが毎朝子どもたちを迎えに行き，親たちの教育もしているという。彼女の部屋にはジグソーパズルのポスターがあり，ピースを全部埋めれば親子のコアラが完成する絵柄だった。

　日本のAAが主催したツアーに参加したぼくが羽田に戻ってくると，AAメンバーの一人から声をかけられた。「これを向こうで貰ったんだけど，ぼくはAAのメンバーだから君にあげるよ」。それはCoDAという共依存症者のグループのメダルだった。その時点ではCoDAがどんなグループなのかも知らなければ，共依存症のことも知らなかった。しかしそれが遺産（レガシー）となり，日本のCoDAが生まれ，ぼくの宝物になった。共依存症の症状とACの特徴は瓜ふたつだ。

気づきが生まれるとき

　「気づきがあれば変わることができる。変わることができれば学ぶことができる。学ぶことができれば成長することができる。成長することができれば回復することができる」

　ある駅のホームで電車を待っていると，AAのメンバーがぼそっと言った言葉だ。人はどのようなときに気づきが生まれるのだろう。ぼくの場合はミーティング中のときもあるし，散歩中や電車の中のときもある。風呂に入り湯船に浸かっているときもあれば，トイレに入っているときもある。

　だが一番多いのは，丑三つ時である。床に就いてもたいてい1度や2度はトイレに行くことになる。夜中の2時半ごろに再び寝ようとしてもなかなか眠れない。そんなときに良いアイデアが湧いたり，思わぬ気づきが与えられるのだ。「まあ明日の朝思い出せばいいだろう」などと思って寝てしまったりすると，「夕べ何かいいことを思いついたが，何だったろう」と必死に思い出そうとしても無理なことが多かった。ぼくは気づきが生まれる場所にメモ用紙を置いた。

記録はその日のうちならほぼ100％書ける。しかし翌日になると50％に，3日目には25％に，4日目になると作文になってしまう。ミーティング中にメモするのは話している人の邪魔になる。そんなときは自分の手の甲に書くことにしている。ぼくが出ているミーティングでは，司会者が初めにこうアナウンスする。「ミーティング中にメモを取るのはご遠慮ください。ただし回復に関する気づきのメモであれば，この限りではありません」。気づきは回復への第一歩だ。

ティファール

アルコール外来ミーティングで，一人の参加者がこう言った。「俺が酒を飲んでいるころは，瞬間湯沸かし機だった。相手の言葉ですぐにカッとなってしまうからさ」。ぼくの父親もカッとなる人だったが，ぼく自身はそんな人間ではないと思っていた。でも彼のエピソードを聞いていたら，ぼくもそっくりだった。ぼくがカッとなるのは，権威や権力の匂いがしたときで，相手を変えたいときだった。。その途端自分が脅かされる気がしてしまう。彼が瞬間湯沸かし機なら，ぼくはティファールだ。

「感情の二日酔い」という言葉もAAに来て知った言葉だ。ぼくの心に恨みや恐れ，怒りや悲しみの感情が満ちてくると，その否定的感情はなかなか引いてくれない。2日で引いてくれればいいほうで，1週間もあるいはそれ以上も酔いは続いてしまう。父親は怒り依存症だったので，ぼくは間違いなくその遺伝子を持っているのだろう。「ガス抜き」が下手なぼくは，人を傷つけることには鈍感なくせに，自分が傷つくことには人一倍敏感なのだ。

柔道では「体捌き」を習う。技を仕掛けられたときに，それを上手に躱す術がなければ簡単にやられてしまう。「柔道」の前の言葉は「柔術」だった。武術は生きるか死ぬかなので，引き分けなどはない。死なないためには身のこなし方が必要になる。ぼくは63歳から柔道を習い始めたが，人間関係に衝突はつきものだから，「心の体捌き」も上手になりたいと思っている。相手にしないことも「心の体捌き」のひとつになるだろう。

コレクターの心理

　日本にもたくさん名山はあるが，「具沢山」という山はたぶん存在しないと思う。もちろんこれは山の名前ではなく，汁料理等の中身のことである。中身は豚汁のように具材が多いものもあるし，澄まし汁のように具材の少ないものもある。ぼくは以前から具材が多いほうが好きだが，それは「具沢山」を《必要》とするぼくの本質とどこかで繋がっているのだろう。

　子どものころのぼくはモノを集めるのが好きだった。採集した昆虫の標本をたくさん作ったし，海に行けば砂浜でさまざまな貝殻を拾い集めた。それらは今も自宅の「資料室」に保管されている。その中にはプロが作った鳥の剥製（オナガ，タゲリ，チュウサギ）や魚の剥製（ヤマメ，サクラマス，ブラウントラウト，ノーザンパイク）もある。「資料室」には大事な写真や記録も保管されているので，我が家のアーカイブ（Archive）＝記録保管場所とも言える。

　現在も進行中の収集は何か考えてみた。小さな庭には［ヨシオカ水族館］があり，内と外に50本を超える水槽を設置している。外の水槽では今年もギンヤンマが9頭羽化した。魚は中流域に住む淡水魚で，水槽の数の十数倍もの魚が同じ仲間と水槽の中を泳いでいる。寒い時期は多くの魚が半冬眠状態になるので餌を食べない。そのため水槽の水替えをしないで楽だが，それ以外の時期は水槽やろ過器を順番に洗う繁忙期になる。今のところ考えられるのは，魚の採集くらいだ。

　2022年2月12日，スペインの南部アリカンテの倉庫や容疑者の自宅からホッキョクグマやベンガルトラなど絶滅危惧種を含む動物の剥製200点以上が押収された。個人が所有するコレクションだが，多くは違法に集められたもので象牙も198本あり，総額は40億円にもなるという。剥製師には免許が必要だが無免許だった。スペインの警察当局は密輸と環境破壊の疑いで捜査しているというが，容疑者にはそれを《必要》とした心理的背景が何かあるのかもしれない。

　コレクターとは収集家のことだ。骨を集めたり，女性を誘拐監禁したりするアメリカ映画があったが，あれもコレクターだ。今回はコレクターでもある自分目線で，収集家の心理を考えてみた。すると共通点がたくさん

見えてきた。

　依存症とは依存対象に囚われて社会生活が破綻してしまう病気のことである。その人にとって最も鎮痛・麻酔効果のあるものが選択される。だから依存対象の違いに着目しても意味がない。コレクターの場合もそれと同じことが言える。『セックスアホーリクス・アノニマス』の204頁目には「感情を強迫的なセックスで覆い隠すのではなく，霊的な空虚さや飢餓感情の根源をさらすようになると癒しが始った」と書かれている。コレクターの心理もここにあるのではないか。

信頼障害

　2016年に精神科医の小林桜児先生が書かれた「人を信じられない病―信頼障害としてのアディクション」を読みながら，ぼくは自分の子ども時代を振り返ってみた。すると「自分も信頼障害かもしれない」という思いは，しだいに「たぶんそうなのだろう」という思いに変わり，さらに「間違いなくそうだ」という確信に変わっていった。

　両親との間で起きたエピソードが積もってゆけば，自分を信じることも他人を信じることもできなくなるだろう。ぼくに「自信＝自己信頼」を与えてくれたのはテニスだった。テニスでぼくは「変身」できたのだ。他者を信頼できるようになったのは相互援助グループに出会ってからだ。「言いっぱなし・聴きっぱなし」のミーティングは，「安全な港」になった。依存症はぼくにとって「自己治療」だったが，今は12ステップ。プログラムがその代わりをしてくれている。

　ぼくが性依存症という病気になったのは，神様の配慮だと思っている。偽のプライドが高いぼくの鼻をへし折るにはこの病気がいいと考えられたのではないか。もしぼくが酒を飲める体質だったら，予言されたように100％アル中になっていただろう。12ステップを踏んで分かったことだが，ぼくの過ちの本質は，自分の人生に責任をとってこなかったことだった。AAのメンバーが「アル中になってよかった」と言っていたが，ぼくもこの病気になってよかったとやっと思えるようになった。

ぼくに神が必要な理由

　家の近くの国道には電子掲示板がある。そこにある日こんな表示が出ていた。「確認・励行・一時停止」。依存症者はスイッチが入ると止まらなくなる。当然一時停止などできないので，依存対象に向かってまっしぐらだ。白黒思考でもあるのでゼロか100だし，どんなことにも完璧を狙う。しかしそんなことができるわけがない。完全主義者は自分が神だと思い込んでいるのだが，ぼくもそのことに気がつかなかった。ぼくに神が必要なのは，傲慢な自分が謙虚になるためだ。

　共依存症もまぎれもない依存症だ。たぶん自分では意識していないのだろうが，共依存症者は自分が神だと思っている。相手には相手の神様がいるのに，よけいな手出しや口出しをするからだ。自立している相手なら跳ね返されるだろうが，依存的な相手だとまるまる術中にはまってしまう。かくして支配・服従関係が成立する。古い生き方にしがみついていたら，新しい生き方はできない。もしかしたら共依存症は，回復に最も時間がかかる依存症と言えるかもしれない。

　社会人になって生き方の話をすると，青臭いと思われることがある。しかし，生き方は死ぬまでずっと続くものだ。自分が大事だと思って持っているものの中には，捨ててもいいものがたくさんあるのだろう。ところがそれを捨てるのは簡単ではない。でもそれを捨てなければ，新しいものは入ってこない。変えていく勇気を持つのはそんなときだ。新しい生き方を始めた日のことを「バースデイ」と呼ぶのはそのためだ。

　ミーティングの初めには「平安の祈り」を唱える。自分のためでもあるし，苦しんでいる仲間のためでもある。ミーティングの終わりにも「平安の祈り」を唱える。今日も無事に分かち合いができたことを神様に感謝するためだ。新型コロナウイルス（COVID-19）の感染が広まってからはできていないが，チェイン・ハンドという儀式もする。右手が強さで，左手が弱さだ。輪になれば自分の右手が右側の仲間に力を与え，自分の左手は左側の仲間から力を貰うことになる。

　そして「ここに来続ければ，効果がある！」（"Keep coming back, it works if you work it!"）そう唱和してミーティングを終える。「12ステッ

プ」は，1から始めて12までゆけば卒業できるというわけではない。日常生活のあらゆる場面でステップを使う機会が訪れる。生まれたときから人間関係は始まり，それは死ぬまで続く。その間「12ステップ」は「人生の指針」となる。自分ではどうにもならないことが起きたとき，スポンサーに助けを求めると，どのステップを使えばよいか提案される。

ぼくはバンパイア？

『AA』には「アルコールは，巧妙で不可解で強力な依存症だ」と書かれている。しかしそのアルコールよりも，もっと巧妙で不可解で強力な依存症がある。それが共依存症だ。ぼくが共依存症を理解するまでにずいぶん時間を要したが，理解が深まるうちにまさしく自分もこの依存症だと分かった。しかも相当重症だということも。英語ではCo-Dependenceと言うので「共依存」という訳語になったのだろうが，「共」という訳語が正確な理解を妨げたのかもしれない。

そしてこれも依存症なのに，「症」という言葉をつけずに使われるうちに，互いが依存する関係という誤解を生じさせてしまった。そのことが分かってからは，「共依存」ではなく，「共依存症」という名称をぼくは意識して使っている。ところでこの依存症はどのような依存症なのだろうか。嗜癖（依存症）は3つに別けて説明されることが多い。アルコールや薬物などの物質嗜癖，ギャンブルや盗み，性などの行動嗜癖，そして人間関係嗜癖である共依存症だ。

共依存症は一次嗜癖とも呼ばれ，あらゆる依存症の底流になっていると考えられている。だから物質嗜癖や行動嗜癖から回復してきたら，次は人間関係嗜癖に取り組むことになる。共依存症から取り組もうとする人もいるが，アルコールやギャンブルの問題がまだあるうちは，そちらの問題に取り組むことが先になる。共依存症からの回復とは，相互依存（Inter-dependence）に向かうことで，それは支配・服従の関係から対等・平等・公平の関係になることだ。

共依存症者は転ばぬ先の杖を出し，よけいな手出し・口出しをし，尻拭いをする。つまり相手の回復力や自己解決能力を奪って生きている。だか

ら，吸血コウモリ「バンパイア」と同じなのだ。もっともドラマの吸血鬼とは違って，実際のナミチスイコウモリは人間の血を吸うことはないそうだ。しかし相手の生命力を奪う点では，この吸血コウモリ以上の存在になるのが共依存症者だ。だがその実態が知れ渡っていないことは残念に思う。

アルコールやギャンブルなどの依存症なら，スリップすればすぐそれに気づくことができる。しかし，共依存症はスリップしてもなかなかそれに気づかない。だから日常がスリップ状態になっている。これをどうすればいいのか。「相手の擦り傷や切り傷には目をつむることにしよう。それは大きな怪我を救うことになるだろうから。でも命に繋がるような場合には手を出そう」これをぼくはスリップ防止策にしている。

共依存症者は《必要》のないことを熱心にやろうとするが，本当にやる《必要》があることはやろうとしない。つまりその二つのものが見分けられないのだ。《必要》だと思ってやっていたことが，実は《不必要》だったと気づく日がきたら，共依存症から少し回復してきたのかもしれない。依存症者の最大の資産は，無尽蔵とも呼べそうなエネルギーだ。そのエネルギーを今度は自分や同じ問題で苦しんでいる仲間たちに使えば，有効な活用方法になる。

自己評価をしっかりと確立しない限り，共依存症から回復することは難しい。自分には自己解決能力があるはずだし，相手にもそれがあるはずだと思えれば，よけいな手出しや口出しをする回数は確実に減ってゆくだろう。ぼくが現在も共依存症者のミーティングに通い続けているのは，そこで健康的な人間関係をしっかり学びたいからだ。

棒倒し

共依存症は他の依存症とセットになることも多い。そうした両者の関係を象徴的に表している子どもの遊びがある。それが「棒倒し」だ。アイスキャンデーを食べ終わると棒が残る。その棒を地面に立てて，倒れないように砂を寄せる。順番にその砂を削っていって倒した人が負けというあの遊びである。「棒」は依存症者で「砂」は共依存症だと考えれば実に象徴的な遊びだ。「棒」の依存症者が倒れないのは，その棒をしっかり支えて

いる共依存症者がいるからだ。

　共依存症者が手を放せば，棒は倒れる。つまり自分の問題に直面せざるを得なくなる。ところが，共依存症者は必要とされることを必要とするので，手放すことができない。もともと低い自己肯定感情を引き上げるために支配・服従の人間関係を築こうとするのだ。依存症の分野には「手を放せ」というスローガンがある。まさに共依存症者に向けた言葉だ。共依存症者は「手を放せ」ずに，依存症者の問題から離れることができない。しかも自分が依存症者の回復を邪魔していることには全く気づいていない。

　だからこそ依存症者だけでなく，依存症者の家族にも回復が《必要》になる。つまり家族は，「依存症」という病気にかかわる「もう一人の当事者」なのだ。家族療法では患者をPatientとは呼ばずに，IP（Identified Patient）と呼ぶが，それは「家族の中からたまたま患者（問題のある人）に選ばれた人」という意味で，誰もがIPになるということだ。共依存症も依存症なので「治癒」はないが，「回復」はもちろん可能だ。FC＝First Client（最初に相談場面に登場した人）が家族であっても，回復プログラムをやらなければ，アッという間にIPに追い抜かされてしまう。

　自己評価が確立できれば，他人を《必要》とすることはないし，他人から《必要》とされなくても，その生き方がブレることはないはずだ。もし他人から《必要》とされたとしても，相手にとって自分は《不必要》だと思えば，そう伝えればいいのだ。よけいな手出しや口出しをしなくなっただけなのに，「前はもっと温かい人だった」と言われたら，少し回復してきたのかもしれない。

神様を信じ，自分を信じ，お皿を洗う

　以前なら褒められれば舞い上がり，けなされれば急降下する人生だったが，褒められても「少し褒め過ぎだな」と思えたり，けなされても「ぼくの良いところが見えないんだな」と思えたりすれば，大きくブレることはないだろう。どう評価するのも相手の自由だし，自己評価さえできていればよいのだから。「神様を信じ，自分を信じ，お皿を洗う」と言った仲間がいた。自分が今ここですべきことが，その言葉の中にしっかりと入って

いる。

　最初に就職した職場でぼくは「待てない人」とよく言われていた。それは「自分の不安に耐えられない人」という意味だったのだろう。依存症者は「即断・即決」で，スイッチが入ると止まらない。ぼくはそのころ，すでにその特徴が全面に出ていたのだと思う。それは完全主義にも繋がるもので，人間は不完全なことしかできないのに，自分はできると思っているのだ。「怒りを遅らせるものは勇者」という言葉があるそうだ。

　依存症とは生き延びるために依存対象を《必要》とする病気のことだ。しかし依存対象を手放さなければ，その先で死が待っている。

　依存症の研修旅行でアメリカに行ったとき，こんな言葉を見つけた。

　「昨日はヒストリー(歴史)，明日はミステリー(未知)，今日はギフト(贈物)」

　「過去は許すものだし，未来は作るもの。そして現在は受け入れるもの」

　こうした言葉にも仲間の経験が裏打ちされている。

訪問相談

　対面相談でも，もちろん重要な情報を聞かせてもらえるが，家庭訪問をすると相談室では想像できなかった情報を手に入れることがある。アルコール病棟では，入院した患者の家庭を訪問する。家族にも知識や対応方法を学んでほしいからだ。ある患者の家族は何度連絡しても家族教室にやってこなかった。このまま退院して家に戻れば，また同じようなことが起き，再入院になるかもしれない。ぼくと担当看護婦はその患者の家庭を訪問することにした。

　どこの家庭もその家の一番良い部屋に客を通す。するとその部屋には祖父や祖母の写真が見下ろすように飾られていたり，子どもがいる家では，子どもの賞状が並んでいたりする。1時間ほど話をすると，なぜ家族教室に来なかったのか理由が分かった。本人がアルコール依存症になったのは，自分たち親の育て方が間違っていたと怒られるんじゃないかと思っていたからだった。訪問してからは，家族教室にその親の姿が見られるようになった。これで一歩前進だ。

家庭訪問する理由はこちらに来てくれないからだ。家庭訪問はぼくの「得意分野」だと思っていたが、逡巡したこともある。「息子の部屋にこんなものがあったんです」。母親が持ってきたものは、中をくり抜いた電球だった。下のほうには焦げ跡があるので、覚せい剤を炙って吸引するために作ったものだろう。ぼくがそう説明すると「本人を連れてくることはできないので、家に来てください」と言われた。でもそんな家庭訪問で何が起きるか分からない。

留置場や拘置所での面接

本人の部屋は閉まっているので、部屋の外から自分は何者かを紹介する。それは不登校のケースでも同じだ。耳を傾けてこちらの話を聞いていても、こいつは警察官ではないのか、これから突入して来るんじゃないか、そう思って臨戦態勢をとっているかもしれない。彼が逮捕以上に恐れているのは、命よりも大事な「覚せい剤」を取り上げられることだ。ぼくはそんなことはしないのだが、取り上げられると思った彼がどんな行動に出るか分からない。

こういう場合に備えた保険になど入ってはいないし、ぼくは困った。そんなぼくの心配をよそに、母親は「1回でもいいですから来てください」と畳みかけてくる。ぼくが「家庭訪問だとこの料金の倍の料金がかかりますよ」と抵抗しても駄目だった。結局母親の要請に折れて家庭訪問したのだが、後にその青年は薬物とは別の事件で警察に捕まり、そこから薬物依存症の治療に繋がることができた。ときにはこうした警察経由で問題が解決に向かうこともある。

個人相談室を始めてからは、家庭訪問だけでなく、警察の留置場や拘置所などへも行って、面接する機会も出てきた。ふつうは15〜20分が接見時間になっているが、弁護士と一緒だと1時間くらい面接時間がとれる。そのことが分かってからはゆっくり話を聴けるようになった。信頼関係がまだできていないクライエントと会うときには、事前に弁護士や家族からぼくの情報を入れておいてもらう。そうすれば情報収集的な面接よりも一歩踏み込んだ面接ができる。

一番難しいのは電話相談

　公的な相談機関でも電話相談はよくあった。とても電話だけでは問題が解決しそうもない場合は，来談を勧める。しかし電話はかけてくるが，なかなか来ようとはしない。そんなときは単に「話相手」が欲しいだけなのか，と思ってしまう。「いのちの電話」相談員の研修会に招かれたことがあった。そこでも同じような話を聞いた。同じコーラー（電話相談者）が多く，ときには1時間以上にもなるというのだ。それでは「緊急電話」が一部の人に独占されてしまう。

　もちろんどの電話が最も緊急を要するか判断することは難しい。しかしリピーターは本当に緊急を要しているのか，と疑わざるを得なくなる。相談員がそう思うのは無理ないことだ。しかし「いつ電話しても繋がらない」と言われるのは，相談を受ける側にも問題がある。相談の基本は「できることと，できないことを最初に相手に伝える」ことだ。「あなたのお話を十分にお聴きしたいのですが，ここにはたくさんの方から電話がくるので，30分しかお聴きできません」。

　もしそういう「契約」を結べば，「申し訳ありませんが，時間になりましたので，ここまでにさせていただきます」と言えるし，罪悪感も持たずに済む。相手も「約束だから仕方ない。今度はもう少し整理して話をしよう」と思うかもしれない。電話は便利な相談方法と考えられがちだが，深刻な相談であればあるほど，とても短い電話で解決するのは難しいと分かるはずだ。便利であることを安直な手段と考えることから，考え直してもらう必要があるだろう。

　ぼくの相談室にも電話相談がくる。しかも無料だと思われる。そこでぼくは，①電話相談は相談の中でも一番難しい相談なので，自分にはできないこと，②公的相談室の場合は，税金で職員の給料が支払われるので，相談料はかからないが，ここは民間相談室なので，費用がかかること，の2つを伝えることにしている。対面相談でも難しいのに，相手の話や表情や反応も分からずに，無責任な対応をするわけにはいかないからだ。

　単発の電話相談でも，相談途中で相手から一方的に電話を切られたら，どう対応するのだろう。自分の側で切られた理由を何通りも考えたとして

も，どれが当たっている分からないし，全部外れているかもしれないのだ。

継続相談中の場合も電話相談は受けないようにしている。その相談を受けてしまうと，次のセッションの内容が薄まってしまうし，クライエントがそれまで持ち堪える力を奪うことにもなるからだ。これも共依存症のスリップになる。

神意と我意

ぼくが思い立って柔道を習い始めたのは2009（平成21）年だった。「なぜ63歳から始めたのか？」と大勢の人に尋ねられた。「外国に行ったとき，柔道の話題にひと言も乗れなかったら恥ずかしいから」とか「そこに畳があったから」などと適当に答えていた。でもきっかけは1964年の東京オリンピックの決勝戦で見た神永昭夫VSアントン・ヘーシンクの試合が衝撃的すぎたからだろう。以来オリンピックや世界選手権，全日本選手権のときはテレビにぼくはかじりついた。だからやりたかったことをやったまでなのだ。

始めたころは知識なし・技術なし・体力なしと三拍子そろっていた。地元の柔道会に週2日通い，稽古では中学生と「乱取り」（自由練習）もしたが，中には中学生との稽古を避ける先生もいた。血気盛んな年ごろなので，稽古にもそれが如実に現れるからだ。「足払い」という自分の足裏で相手の足を払う技の練習をしていたときだった。彼は右内踝（くるぶし）でぼくの右足を払ったために，ぼくの右ふくらはぎは象の足のように腫れ上がり，ひどい内出血を起こしたこともあった。

2か月に1度開かれる昇段審査を受けるために，ぼくは毎回埼玉県立武道館に通った。5人総当たりで3勝すれば合格だが，どうしても勝てなかった。これは「基礎からやり直しなさい」という神様の意志だとぼくは思った。講道館には「学校講道館」という各種学校がある。その外壁には，「講道館に入門して1年間で初段になろう」という垂れ幕が下がっている。それは魅力的なキャッチフレーズだった。

ぼくはその文字に強く惹かれ，2012年5月28日に入門した。しかし現実は甘くなかった。受身，礼法，技の習得，試合内容，出席日数，どれを

クリアするのも大変だった。幸いにもぼくは1998年から個人相談室を始めていたので、「わがままを言って申し訳ありませんが、1年間だけ夜の相談はお休みにさせてください」と利用者の皆さんにお願いした。こうしてぼくは2013年6月12日、どうにか初段になることができた。

精力善用・自他共栄

最初に入会した埼玉県の戸田市柔道会から黒帯をいただけるというので、「帯の片方には『吉岡』を、もう片方には『神意』という文字を刺繍してください」とお願いした。黒帯を初めて締めたときは、感無量だった。初段になれたのはぼくにとってスモール・ビクトリーどころかビッグ・ビクトリーだった。さらに大きなビクトリーは2020年8月に参段になれたことだ。稽古のときも、試合の前も「神意」という二文字が、ぼくの姿勢を正してくれる。

なぜ「神意」という文字を入れたかというと、ぼくは「我」の強い人間だからだ。いつでも、どこでも自分の意志を通そうとする。思えば「我意」のまま生きてきた。AAに出会うと12ステップ・プログラムは「生き方のプログラムです」とか「人間関係修復のプログラムです」「自我を縮小させるプログラムです」などと言われていることが分かった。ぼくが「自我を縮小させる」ためにはどうしたらよいのだろう。「我意」とは逆の生き方をすればよいのだ。

つまり神様の意志に沿った生き方をすることだ。それを忘れないようにと思って「神意」という文字を刺繍していただいたのだ。日常生活で自分の望んだとおりに事が進んだときは、神様の意志と自分の意志が一致したのだと思う。しかし望んだとおりに事が進まないときは、神様の意志は別にあるのだと思って立ち止まり、それは何かと考えるようになった。

学校講道館の先生にあることをお願いしたことがあった。その先生は少し沈黙してから「嘉納治五郎師範だったら何と答えるだろう」と言われたので、同じだと思った。恥ずかしい話もある。初段の免状と一緒にぼくがいただいたのは、「精力善用・自他共栄」と書かれた色紙だった。それまでその言葉を知らなかったし、それが嘉納治五郎師範の言葉だということ

も知らなかったのだ。ぼくは自分の人生を振り返ると，その言葉とは真逆の「精力悪用・自他破滅」で，人間関係を壊すことが多かったと思った。

その言葉を知ってから，「精力善用・自他共栄」はぼくの座右の銘になった。7年前から月に一度，川越少年刑務所の教育プログラムに参加させていただいているが，嘉納治五郎師範の写真を受刑者の皆さんに見せながら，まとめにかえてこの言葉を紹介している。性犯罪者は性の問題で社会生活が破綻した人たちだ。その人たちの回復のお手伝いをさせていただけるとは思ってもみなかった。90分間のセッションが終わるころには彼らの表情が柔らかくなっている。それはぼくの思い過ごしだろうか。

「本体」はコインの裏

家庭裁判所には少年調査官がいる。あるとき，一人の少年調査官の講演を聞いた。少年たちの「問題行動」には4つの形があるという。この分類は児童相談所の相談活動にとても役立った。

言語によるもの　…　暴言，汚言
行動によるもの　…　暴力，さまざまな非行，不登校，依存症，自傷行為
身体症状　　　　…　チック，頭痛や腹痛などの身体痛
精神症状　　　　…　無気力，うつ，ひきこもり

少年や少女と近い距離にいる親や教師は，どうしても表に現れたものに目を奪われやすい。しかし「本体」はコインの裏に隠されている。どの「問題行動」も底流にあるのは，子どもたちが抱えている怒りや悲しみ，寂しさなどの否定的感情である。そちらに着目しなければ，子どもたちは心を開かないだろう。どの「問題行動」も子どもたちからのSOSである。症状選択と同じように「問題行動」も，その子どもにとっては最もアピールしやすいものが選択されたのだ。それを通して何を訴えようとしているのか。それを考えるのが援助職の役割になる。

物語を書き替える

ぼくの前にある長いテーブルの上にはワープロが置いてある。本当は対面で話を聴くよりも，並んで聴くほうがいい。クライエントの話は生育史

に沿って聴いてゆくが，順番が飛んでしまうこともある。まだ話したくなければ無理に聴こうとはしない。ひととおり聴いたら，「ぼくの聴いたことが間違っていたり，失礼な表現になっていたら教えてください」と言って，打ち出した紙と赤のボールペンを渡す。

　ここはクライエントが自分の物語を書く最初の段階だ。次の段階から物語の書き替え作業が始まる。「このときはどんな感情になりましたか」と問えば「ああ自分はこんな感情になっていた」という答えが返ってくる。この作業を一緒にしていると，すっかり忘れていたことを思い出したり，別の解釈が生まれてきたりする。このようなカンセリングと並行して相互援助グループのミーティングに参加すれば相乗効果を生み出し，さらに自己理解が深まってゆく。

　だからぼくは「回復とは自分の物語の書き替え作業を続けることです」と言っている。ぼく自身が書いた最初の物語は『My Story』だが，これを出版したのは1994年2月，48歳のときだった。1999年5月にはなだいなだ先生の解説をつけて再版した。その後も講義や講演などで，何十回も自分の物語の書き替え作業を続けている。どう自分が変わってきたかを知るためには，最初の物語を書いておく必要があるのだ。

こころの相談室リカバリー 52〜76歳（1998.6〜現在）

「ノーが言えない」
（40代・男性・窃盗症，性依存症，共依存症）

子ども時代

　彼は都内の病院で生れたが，育ったのは北関東の町だった。胎生期の異常は特になかったが，出生時は「長髪族」で，新生児にしては髪が長かった。母乳を飲んでいてもすぐ寝てしまうので，看護婦さんにお尻を叩かれながら飲んでいたという。言葉も歩行もふつうだったが，あまりにもよく寝ているので母親は心配になって，児童相談所に発達検査を受けに行くと，「お母さんしっかりしてください。ちゃんと育っていますよ」と言われたという。

　2歳から保育所に入ると，母親は保護者会で園長から「この子は三無主義だ。無感動・無関心・無表情」と言われ，怒った母は園長に食ってかかった。その一方で，「髪の毛を切ると『髪の毛さんバイバイ』と言ったりするので感受性が豊かだ！」と言われたこともあった。当時は父方祖父母と同居していて，初孫のうえに男の子だった彼はとても可愛がられた。学齢前の大きな病気や怪我，痙攣などはなく，35歳くらいまで家庭内では性的な話題がなかった。

　小学校は自宅から1キロ半ほどの距離にあったので，歩くと20分くらいかかった。小学校というのはどういうところなのか，彼には全く分からなかった。九九や紐の結び方が理解できず，授業についてゆくのがやっとだった。しかし4年生の後半から学習塾や習字に通うようになると，成績は急速に伸びた。校庭なら他の速い子と同じくらいに走れた。祖父から将棋を教えてもらうと祖父にも父親にも勝てるようになり，千駄ヶ谷の日本将棋連盟に通うようになった。

　吹奏楽部に入り「ホルンを吹きたい」と言うと，「アルトホルンしかないよ」と言われた。ベレー帽に制服を着て運動会で演奏するのだが，吹いているふりをするのがつらかった。父親は国家公務員で転勤はなかったが，

月の4分の1から半分くらいは出張で，通勤には2時間半もかけていた。毎日終電で帰ってくると，父は彼の顔に酒臭い自分の顔をこすりつけてきた。嬉しいような嫌なような気持ちだった。母親は当時，幼稚園の先生をしており，妹が1人いる。

最初の窃盗事件

夕食は祖父母と妹と4人でとっていた。祖母は母の愚痴を言うし，祖母がいないところでは祖父が祖母の悪口を言うので，その受け答えに彼はいつも困っていた。友達がカブトムシを持っているので，彼も欲しいと言うと，祖母はカブトムシを買ってくれる約束をした。しかしいつまでたっても買ってくれないので，隣の家の庭でケースに入っていたカブトムシを彼は盗んでしまう。それをその子どもの母親に見つかり，「嘘つきだ。泥棒だ」と言われてしまった。

中学校に入学すると，彼は「いい子」ぶりをどんどん加速させ，ほぼ毎回学級委員をしていた。2年生になると，彼が勉強するためのプレハブが庭に建てられた。しかし逆に勉強のほうはだんだんと身が入らなくなっていった。そして，自分は誰かの目があるところでしか頑張れないのかと思うようになった。母親は「本当はパパと結婚したくなかった」と言ったり，職場の愚痴を彼によく垂れ流した。このころは近所のホームセンターで万引きを繰り返している。

中学3年の冬，とうとうホームセンターでの万引きで捕まってしまった。しかし名前を言わないため警察に連れて行かれた。警察に迎えに来た母親は「なんでこんなことをするの！」と怒ったので，「ぼくはママの愚痴は聞きたくなかったんだよ。まだそんなに大人じゃないんだ！」と彼は言い返した。すると母親は「ママのせいにするの！」と泣き始めた。「やっぱりこの人に話しても無駄なんだ」と彼があらためて強く思う出来事だった。

服従のパターン

志望校を受験したが落ちてしまったので，彼は滑り止めにしていた高校に入学した。そこでは特待生で3年間授業料が免除された。しかし2年生

から成績が下がったため，1つ下のクラスに落ちてしまった。新設のその高校は1学年が20クラスもあり，荒れていた。教室も廊下もごみだらけだった。彼はイジメにもあって手帳を捨てられたり，赤本を盗んだ犯人にされてしまったりした。体育の時間は授業を抜け出して近くの原っぱに行った。そこが「息抜き」する場だった。

　パチンコやゲームセンターに入り浸り，勉強は相変わらずダラダラやっていたが，音楽は歌ったりするのでその時間は楽しかった。何になりたいのかと聞かれるのが一番つらかった。シュリーマンの考古学の本を読んで，これがいいと思ったが，父親から「小学校の先生になれ」と言われた。大型書店の中を下から上まで歩いて入試要項を買ったのは，父親に「ノー」と言えなかったからだ。しかし暗黒の高校時代を生き残れたのは，彼にとって大きなことだった。

　私立大学を10校受けたが，受かったのは教育学部がある大学だけで，そこには小学校教諭課程があった。教員免許は取ったのだが，教員採用試験には3回落ちてしまった。大学時代に初めて女性と付き合った。しかし彼女は相手を振り回す女性だった。彼女から「こういう男性がいい」と言われると，彼はそういう男性になろうと努力した。しかし彼女は別の男性とも性的な関係を持つ人だった。彼女に泣かれると「ノー」と言えないために，別れられなかった。

それが福祉の現場だった

　20代半ばに援助職という仕事を見つけた彼は，1年間夜学の専門学校で福祉の勉強をした。その後，作業所や精神科病院の勤務を経て，福祉事務所に就職した。彼は精神保健福祉士だったが，生活保護のケースワーカーは皆事務職だった。現在地保護になるケースだと，先輩たちから「隣の市までの切符を渡して（クライエントを）捨ててこい」と言われた。年度初めの担当は80世帯でも，年度の終わりには120世帯を超えるので，残業も月に120時間以上になった。

　それでも彼が断わるべきときに「ノー」と言えなかったのは「期待に応えられなければ自分には価値がない」と思ったからだった。仕事量は重く

のしかかってきた。週末のたびに彼は首を吊って死のうとするのだが死に
きれない。それでパチンコや性風俗店に通い始めると，頻度も金額もどん
どん膨れ上がった。処方された睡眠薬の量も増える一方で，もう自分では
止められなくなった。そんな状況でも厚生労働省は，生活保護の受給率を
上げないようにと現場に圧力をかけてきた。

　市会議員などが連れてきた人の「申請」はすぐに受理するが，なんのツ
テもないような人は「相談扱い」で追い返してしまう。「強い者には弱く，
弱い者には強く」と言う先輩たちの言葉を聞いて，これが福祉の現場なの
かと思った。3年目に複雑困難ケースが多い地区の担当になると，深夜勤
務や休日勤務のときに，上司のハンコを勝手に押して決裁文書を作ったり，
こんなにやっても残業代が出ないのだからと，生活保護ケースのお金を盗
み始めるようになった。

セルフケア

事例
12

　以前夜学の授業で「援助職にもセルフケアが必要だ」と言っていた先生
がいたことを思い出し，電話をかけた。するとその先生からスーパービジョ
ン（専門家または指導者からの意見や指導）を受けたほうがいいと助言さ
れた。彼はその助言を受け入れたのだが，仕事のやり方は変えなかった。
精神科の主治医は「うつ状態で，当分の間静養が必要」という意見書を書
いてくれた。こうして彼はやっと休職することができた。

　夏ごろになるとだんだんと体も動くようになり，睡眠薬などを徐々に減
らしてくれる医者に出会った。インターネットで検索したり，著書を読ん
だりしていると，新しいスーパーバイザーを見つけることができた。そこ
で自分には窃盗症や性依存症のほかに，共依存症もあることが分かった。
スーパービジョンを受ける条件は，相互援助グループのミーティングに通
うことだった。仕方なく通うようにはなったが，そう言われなかったらた
ぶん彼は通わなかっただろう。スーパーバイザーから次に言われたのは，
依存症のリハビリ施設に通うことだった。その施設では1日に3回ミー
ティングに出なければならなかったが，彼はそこに1年半通った。ここの
プログラムは「アルコホーリクス・アノニマスの12ステップ」だが，依

存対象が異なっても、「何に対して自分は無力なのか」というところだけ置き換えれば適用することができた。だから彼の場合は窃盗にも性にも、よけいな世話焼きをしたがることにも効果があった。

なぜ「ノー」が言えないのか

「父親に向けた承認欲求は『おまえは学歴でも職歴でも、俺にはかなわないんだぞ』といつも跳ね返された。母親に向けた愛情欲求はいつも満たされず、飢餓感情は底無し沼のようだった。こんな自分では駄目なんだという思いは、しだいにぼくを完全主義者にしていった。小学生のころに通った塾の先生が厭世的だったので、その影響を受けたぼくは、自分なんていないほうがいいんだ、死んでしまったほうがいいんじゃないか、と本気で思うようになった。自己肯定感情を高く持つのは難しすぎた」そう彼は述懐している。

依存症は「自己治療」だとも言われる。自分が抱えてきた否定的感情を鎮痛・麻痺させる効果が依存症にはあるからだ。ではなぜ彼はさまざまな依存症になったのだろうか。原家族の関係を見ると、仕事依存症と思われる父親はアルコール問題のほかにギャンブル問題も抱えており、精神的には「父親不在」の状態だった。母親も彼と同じ援助職だったが、愚痴や結婚を悔やむ話などを彼に垂れ流し、親子の境界線などない人だった。むろんセルフケアなどしていない。

しかし彼のほうはカウンセリングを受けて自分の問題に気づき、同じ問題を持つ仲間のミーティングに通い続け、さらに軌道修正するためにスーパービジョンも受けている。彼とは相互援助グループのミーティングやセミナーでも顔を合わせるが、そうした場所で会える数少ない援助職の一人だ。彼の「いい子」の尻尾はまだ残っているが、プログラムを続けてゆけば、なくなることはなくても短くなることはあるだろう。

ぼくが相談活動を続けていると、クライエントには「いい子」が実に多いことが分かった。いつもニコニコしていたり、深刻な場面なのに笑ってしまったりするのは、緊張状態に耐えられないからだ。ニッと笑ういわゆる「いい子ちゃん笑い」が身に付いてしまったのだろう。学級委員や生徒

事例12

会活動をしてきたり,「テレビはNHKしか観ない家庭」という話もよく聞いた。相談場面に登場するのは,息切れ状態になった「いい子ちゃん」たちだった。「いい子」は親や教師たちにとって「都合のいい子」なのだ。

　でもなぜそんな生き方をするのだろうか。「いい子」を演じるためには,相手の要求に対して「ノー」と言うわけにはいかない。そんなことを言ったりしたら,たちまち自分の評価が下がり「悪い子」になってしまうからだ。日ごろから「いい子」は自分の評価に敏感になっている。こちらをどう評価するかは相手の自由なのに,低く評価されては困るのだ。つまり自己肯定感情が育っていないために自己評価ができず,相手の評価に一喜一憂してしまう。

　家庭で親の言うことを聞かなければ「悪い子」と思われてしまうし,学校で先生に反抗すれば校長室の前に立たされる。職場で上司の指示に従わなければ病気になるまで休ませてはもらえない。それが「いい子」を演じなければ生きていけない現実なのだ。問題は「いい子」にではなく,「いい子」が生きている社会そのものにある。政治家は国民に信託されて活動するものだが,現実はそこでも上司への忖度が横行している。ぼくの管理職像は間違っているのだろうか。

リカバリーでのグループワーク

　小さな相談室を開いてからも，個別相談と並行してグループワークもやりたいとぼくは思っていた。そして以下のようなグループワークに取り組んだ。

[グループ・スーパービジョン（1998.9~2000.5）]

	日　程	参加延べ人数
1	1998年9月5日，同12日，同19日，同26日，10月3日	17名
2	1999年1月30日，2月6日，同13日，同20日，同27日	10名
3	1999年5月28日，6月4日，同11日，同18日，同25日	14名
4	1999年9月3日，同10日，同17日，同24日，10月1日	24名
5	2000年1月7日，同14日，同28日，2月4日，同26日	7名
6	2000年3月3日，同10日，4月7日，5月12日，同26日	10名
	合計	82名

　対象は対人援助職で，5回を1クール（費用は15,000円）としたグループ・スーパービジョンは，全部で6回実施した。1998年に1回（17名参加），1999年に3回（48名参加），2000年に2回（17名参加）で，参加延べ人数の合計は82名だった。

　ぼくが指導を受けたなだいなだ先生は「臨床の仕事は，目の前の患者から学んだことを，次の患者に活かすことだ」と言っていた。書籍から学ぶこともむろん大切なことだが，なんと言っても「最高の先生」はクライエントだ。事例検討では成功例を話すことよりも，失敗例を話すことのほうが自分の成長に役立つ。カウンセリングを受けて，自分の課題を見つける。課題が見つかったら同じ課題を持つ仲間のミーティングに参加し，経験と力と希望を分かち合う。それでも人間は間違いをする。その間違いを軌道修正するのがスーパービジョンだ。グループスーパービジョンは，互いに軌

道修正し合う場である。そのため参加者全員が事例を持ち寄ってそこから学ぶことを目的とした。

　こうしたグループスーパービジョンのほかに，個別スーパービジョンも行ったので，養護教員，PSW，家庭児童相談員，臨床心理学専攻の大学院生，電話相談員，福祉専門学校生，相談機関職員などが参加した。

[12 ステップ・ワークショップ]

　アルコール依存症から回復したドレイク神父からの要請で，AAの12ステップ・ワークショップを立案。1999年から実施した5回の参加者数は250名以上になった。

① 1999年8月7日　　（東京いきいきらいふ推進センター）
② 1999年8月14日　（東京いきいきらいふ推進センター）
③ 2000年6月17日　（セントラルプラザ）
④ 2001年6月24日
⑤ 2002年5月11日　（東京ウイメンズプラザ）

講師：ドレイク神父
費用：1回5,000円（通訳付き）
内容：講義と分ち合い

[思秋期セミナー（未実施）]

日時：1999年10月8日〜10日（2泊3日）
会場：軽井沢「周和荘」
目的：retreat（講義・ミーティング，スポーツ等での保養）
費用：35,000円

[思秋期家族教室（1999.11〜2001.9）]

　「子どもたちが思春期・青年期を迎えたということは，親たちが思秋期を迎えたということになる。人生の秋を迎えた私たちは，子どもたちの問題から何を学んだらよいのだろう」と継続相談中の家族に呼びかけた。

目的：「自分」に焦点を当て，仲間との共通点を探しながら，経験と力と

希望を分ち合う

日時：毎月第3金曜日 19:00 〜 20:30

会場：こころの相談室リカバリー

費用：10回 27,000円

内容：講義，ミーティングなど

　参加者は30名で1回の平均参加者数は1.3名であった。参加者の欠席が多いため中止になった。

［ユース（2000.3〜2000.12）］

「いつも不安感がある，対人関係で緊張してしまう，やる気が出てこない，気分が落ち込む，ひきこもり生活から脱出できない，友達ができない，仕事が続かない，自分に自信が持てない，学校に行けない……。もしあなたがこんな問題から回復したいと思っていらっしゃるのでしたら，仲間たちと互いの経験を分ち合ってみませんか？　そこに解決の鍵があるかもしれません」と青年期のケースに呼びかけた。

目的：仲間たちとの交流を通して，人間関係の問題から回復してゆくこと

日時：毎月第2土曜日 12:00 〜 12:45

会場：こころの相談室リカバリー

費用：1回 1,500円

内容：メンバーのニーズに沿ったプログラムを話合いで決める

　登録メンバーは7名であったが，参加者数は多いときで5名，少ないときは1名で，延べ数は23名（平均参加者数は2.3名）だった。そのためメンバーと話合い，活動はしばらく休止することになった。

［12ステップ・セミナー（2003.1〜2004.12）］

　1999年からドレイク神父の12ステップ・ワークショップを5回開催したが，「もっと回数を増やしてほしい」「宿泊のワークショップはできないのか」などの要望が多く寄せられた。そのため，2003年1月からゲストを招き，12ステップ・セミナーを当相談室で開くことにした。

目的：ゲストの話や仲間との共通点を探しながら，12ステップを学ぶ

日時：毎月第 2 土曜日 13:30 〜 15:00

会場：こころの相談室リカバリー

費用：1 回 3,000 円

内容：13:30 〜 14:00 ゲストスピーカーの話（1 月はステップ 1）

　　　14:00 〜 15:00 質疑と分ち合い

定員：10 名（予約制）

2003 年 1 月〜 12 月の参加者は延べ 76 名(1 回の平均参加者数は 6.33 名)

2004 年 1 月〜 12 月の参加者は延べ 57 名(1 回の平均参加者数は 4.75 名)

　1998 〜 2000 年にグループ・スーパービジョン，1999 〜 2002 年に 12 ステップ・ワークショップ，1999 〜 2001 年に思秋期家族教室，2003 年にユース，2003 〜 2004 年に 12 ステップ・セミナーと開いてきたが，参加者数が少ないためグループを閉じることになった。このようなグループワークは一人でできるものではないので，協力者がいてくれたお陰で実施できたものもあった。しかし個別相談のほかにエネルギーが必要だったので，自分の手に余るものもあったのは事実である。

付 録

◇◇◇

こころの相談室リカバリー20年間の統計

　20年間（1998.6.1~2018.5.31）の統計を出してみると，実数で1054名，延数で13425名の方々が相談にみえた。このうち2004年には1年間で延数1290名が来談された。男女比では男性57%，女性43%で，20代と30代を合わせると52％になる。ファースト・クライエント（FC：First Client）は，IP（Identified Patient）のみが53%，家族のみが28%，IPと家族が19%となっている（1991年度の埼玉県立精神保健総合センター年報では，IPのみが13.8%，家族のみが60.3%，IPと家族が22.6％となっており，IPと家族の割合が逆転している）。

　居住地は北は北海道から南は沖縄まで広範囲にあるものの，埼玉県が66%を占めるのは当然と言えよう。相談室があるJR武蔵浦和駅は，東西南北からアクセスしやすいことが大きかった。来所の経路では診療所や病院が圧倒的に多いが，インターネットの利用や相互援助グループも多く，さらに弁護士も多いのは性犯罪や窃盗罪の情状証人や意見書を求められるためで，この相談室の特徴を表している。

　主訴を見ても分かるように，依存症関係の相談が多いのもこの相談室の特徴である。継続相談が必要と考えるケースが多かったが，処遇経過を見ると数は限られている。その理由として考えられることは，自由診療のため健康保険が使えないことや地理的事情や，まだ継続相談しようという気持ちが起きていないことなど，さまざまな要因が考えられる。むろんカウンセラーとの相性や人間性も大きな要因になるだろう。

[経路（過去20年間）]

順位	経路	件数
①	診療所	144
②	インターネット	95
③	相互援助グループ	78
④	病院	77
⑤	講演・著書等	75
⑥	家族	73
⑦	知人・友人	71
⑧	精神保健福祉センター	70
⑨	保健所・保健センター	62
⑩	職場関係者	58
⑩	弁護士	58

[FCの主訴（過去5年間）]

順位	主訴	人数
①	性的問題がある	51
②	窃盗問題がある	29
③	自分の課題整理	9
④	ギャンブル問題がある	8
⑤	家族関係の問題がある	6
⑥	アルコール問題がある	5
⑥	学校・職場問題がある	5
⑦	共依存の問題がある	3
⑧	うつ状態・うつ病	2
⑧	買い物依存・浪費癖	2
⑧	インターネット依存	2

[来談形態（過去20年間）]

FC	人数	％
IPのみ	557	53
家族・友人	292	28
IP＋家族・友人	205	19
合計	1054	100

[IPの居住地（過去20年間）]

順位	都道府県	人数
①	埼玉県	694
②	東京都	176
③	神奈川県	34
④	千葉県	31
⑤	群馬県	26
⑥	栃木県	14
⑦	茨城県	10
⑧	愛知県	6
⑨	新潟県	5
⑩	北海道	4

◇◇

12ステップ

[AA（Alcoholics Anonymous）の12ステップ]

1. 私たちはアルコールに対して無力であり，思い通りに生きていけなくなっていたことを認めた。

2. 自分を超えた大きな力が，私たちを健康な心に戻してくれると信じるようになった。

3. 私たちの意志と生き方を自分なりに理解した神の配慮にゆだねる決心をした。

4. 恐れずに，徹底して，自分自身の棚卸しを行い，それを表に作った。

5. 神に対し，自分に対し，そしてもう一人の人に対して，自分の過ちの本質をありのままに認めた。

6. こうした性格上の欠点全部を，神に取り除いてもらう準備がすべて整った。

7. 私たちの短所を取り除いてくださいと，謙虚に神に求めた。

8. 私たちが傷つけたすべての人の表を作り，その人たち全員に進んで埋め合わせをしようとする気持になった。

9. その人たちやほかの人を傷つけない限り，機会あるたびに，その人たちに直接埋め合わせをした。

10. 自分自身の棚卸しを続け，間違ったときは直ちにそれを認めた。

11. 祈りと黙想を通して，自分なりに理解した神との意識的な触れ合いを深め，神の意志を知ることと，それを実践する力だけを求めた。

12. これらのステップを経た結果，私たちは霊的に目覚め，このメッセージをアルコーホリクに伝え，そして私たちのすべてのことにこの原理を実行しようと努力した。

（AAワールドサービス社の許可のもとに再録）

[NA（Narcotics Anonymous）の12ステップ]

1. 私たちは，アディクションに対して無力であり，生きていくことがどうにもならなくなったことを認めた。

2. 私たちは，自分より偉大な力が，私たちを正気に戻してくれると信じるようになった。

3. 私たちは，私たちの意志といのちを，自分で理解している神の配慮にゆだねる決心をした。

4. 私たちは，徹底して，恐れることなく，自分自身のモラルの棚卸表を作った。

5. 私たちは，神に対し，自分自身に対し，もう一人の人間に対し，自分の誤りの正確な本質を認めた。

6. 私たちは，これらの性格上の欠点をすべて取り除くことを，神にゆだねる心の準備が完全にできた。

7. 私たちは，自分の短所を取り除いてください，と謙虚に神に求めた。

8. 私たちは，私たちが傷つけたすべての人のリストを作り，そのすべての人たちに埋め合わせをする気持ちになった。

9. 私たちは，その人たち，または他の人々を傷つけないかぎり，機会あるたびに直接埋め合わせをした。

10. 私たちは，自分の生き方の棚卸を実行し続け，誤ったときは直ちに認めた。

11. 私たちは，自分で理解している神との意識的ふれあいを深めるために，私たちに向けられた神の意志を知り，それだけを行っていく力を，祈りと黙想によって求めた。

12. これらのステップを経た結果，スピリチュアルに目覚め，この話をアディクトに伝え，また自分のあらゆることにこの原理を実行するように努力した。

（AA ワールドサービス社の許可のもとに修正して再録）

[SA（Sexaholics Anonymous）の12ステップ]

1. 私たちは病的性衝動に対して無力であり，思い通りに生きていけなくなっていたことを認めた。

2. 自分を超えた大きな力が，私たちを健康な心に戻してくれると信じるようになった。

3. 私たちの意志と生き方を，自分なりに理解した神の配慮にゆだねる決心をした。

4. 恐れずに，徹底して，自分自身の棚卸しを行い，それを表に作った。

5. 神に対し，自分に対し，そしてもう一人の人に対して，自分の過ちの本質をありのままに認めた。

6. こうした性格上の欠点全部を，神に取り除いてもらう準備がすべて整った。

7. 私たちの短所を取り除いてくださいと，謙虚に神に求めた。

8. 私たちが傷つけたすべての人の表を作り，その人たち全員に進んで埋め合わせをしようとする気持ちになった。

9. その人たちやほかの人を傷つけない限り，機会あるたびに，その人たちに直接埋め合わせをした。

10. 自分自身の棚卸しを続け，間違ったときは直ちにそれを認めた。

11. 祈りと黙想を通して，自分なりに理解した神との意識的な触れ合いを深め，神の意志を知ることと，それを実践する力だけを求めた。

12. これらのステップを経た結果，私たちは霊的に目覚め，このメッセージをセックスアホーリクに伝え，そして私たちのすべてのことにこの原理を実行しようと努力した。

（AA ワールドサービス社の許可のもとに改作して転載）

[CoDA（Co-Dependents Anonymous）の12ステップ]

1. 私たちはほかの人に対して無力であり，思い通りに生きていけなくなっていたことを認めた。

2. 自分を超えた大きな力が，私たちを健康な心に戻してくれると信じるようになった。

3. 私たちの意志と生き方を自分なりに理解した神の配慮にゆだねる決心をした。

4. 恐れずに，徹底して，自分自身の棚卸しを行い，それを表に作った。

5. 神に対し，自分に対し，そしてもう一人の人に対して，自分の過ちの本質をありのままに認めた。

6. こうした性格上の欠点全部を，神に取り除いてもらう準備がすべて整った。

7. 私たちの短所を取り除いてくださいと，謙虚に神に求めた。

8. 私たちが傷つけたすべての人の表を作り，その人たち全員に進んで埋め合わせをしようとする気持ちになった。

9. その人たちやほかの人を傷つけない限り，機会あるたびに，その人たちに直接埋め合わせをした。

10. 自分自身の棚卸しを続け，間違ったときは直ちにそれを認めた。

11. 祈りと黙想を通して，自分なりに理解した神との意識的な触れ合いを深め，神の意志を知ることと，それを実践する力だけを求めた。

12. これらのステップを経た結果，私たちは霊的に目覚め，このメッセージをほかの共依存症者に伝え，そして私たちのすべてのことにこの原理を実行しようと努力した。

（AA ワールドサービス社の許可のもとに一部改定して再録）

アディクションあれこれ
あなたにあてはまるものは？

FAMILY ADDICTIONS
AWARENESS CHART

Any one of these behaviors can
throw an entire family off balance.

アルコール
Alcohol

読書
Books/Reading

カフェイン
Caffeine

世話やき
Caretaking

追跡
The Chase

チョコレート
Chocolate

慢性疾患
Chronic Illness

An addiction can be any behavior done in excess,
in an attempt to avoid pain ... despite consequence,
and a person cannot stop without outside help.

Degenhardt Educationals, Inc, ·P.O. Box
111044·Nashville, TN 37222-1044·(615)833-6183
www.seedpublishers.com

Illustrations by Jason Thomas
Copyright © 1993 Katherine Degenhardt
Taken from Katherine Degenhardt's Workbook;
Breaking Family Addictions

付
録

宗教
Church

強迫的な掃除
Compulsive Cleaning

強迫的なダイエット
Compulsive Dieting

強迫的な運動
Compulsive Exercise

強迫的な嘘
Compulsive Lying

コンピュータ
Computers

コントロール
Controling

クレジットカード
Credit Cards

白日夢・空想
Daydreaming/Fantasy

いたずら書き
Doodling

アルコール以外の薬物
Other Drugs

心理的虐待
Emotional Abuse/
Verbal Abuse

女性依存
Female Dependency

ギャンブル
Gambling

ガレージセール
Garage Sales

欲ばり
Greed

恋愛
Love

男性依存
Male Dependency

お金
Money

音楽
Music

ニコチン
Nicotine

過食
Over Eating

痛み
Pain

身体的虐待
Physical Abuse

ポルノグラフィ
Pornography

力
Power

処方薬
Prescription Medication

ラジオ
Radio

自己憐憫
Self-Pity

セックス
Sex

性的虐待
Sexual Abuse

万引き
Shoplifting

買物
Shopping

睡眠
Sleeping

メロドラマ
Soap Operas

スポーツ
Sports

砂糖
Sugar

支援団体
Support Groups

おしゃべり
Talking

電話
Telephone

テレビ
Television

ビデオゲーム
Video Games

暴力
Violence

仕事
Work

研究集会
Work Shops

著者プロフィール

[教歴]

年度	校名
1991（平成3）～1995（平成7）年度	日本社会事業大学
1992（平成4）～1996（平成8）年度	慈恵柏看護専門学校
1993（平成5）～1996（平成8）年度	埼玉県立南高等看護学院
1995（平成7）年度	立正大学短期大学
1996（平成8）年度	東葛看護専門学校
1997（平成9）年度	国立西埼玉看護学校
1997（平成9）年度	所沢准看護学校
1998（平成10）～2000（平成12）年度	東京国際大学
1998（平成10）年度	千葉県立野田看護専門学校
1998（平成10）～1999（平成11）年度	立教大学
2001（平成13）～2011（平成23）年度	上尾看護専門学校
2001（平成13）年度	明治学院大学
2001（平成13）～2011（平成23）年度	宇都宮大学
2009（平成21）年度	立教大学院
2015（平成27）年度	東京海洋大学

[学歴]

年月	校名
1958（昭和33）年3月	浦和市立仲町小学校卒業
1961（昭和36）年3月	浦和市立常盤中学校卒業
1961（昭和36）年4月	海城高等学校入学
1964（昭和39）年3月	海城高等学校卒業
1965（昭和40）年4月	上智大学文学部教育学科（心理学コース）入学
1969（昭和44）年3月	上智大学文学部教育学科（心理学コース）卒業
1969（昭和44）年4月	上智大学院文学研究科教育学専攻修士課程入学
1971（昭和46）年3月	上智大学院文学研究科教育学専攻修士課程修了

付
録

[職歴]

期間	勤務先名
1968(昭和43)年4月～1969(昭和44)年8月	東京小児療育病院
1970(昭和45)年4月～1971(昭和46)年3月	東京都荒川保健所
1971(昭和46)年10月～1979(昭和54)年4月	東京都立松沢病院
1979(昭和54)年5月～1983(昭和58)年3月	埼玉県精神衛生センター
1983(昭和58)年4月～1987(昭和62)年3月	埼玉県川越児童相談所
1987(昭和62)年4月～1991(平成3)年3月	埼玉県越谷児童相談所
1991(平成3)年4月～1997(平成9)年3月	埼玉県立精神保健総合センター
1997(平成9)年4月～1998(平成10)年5月	埼玉県所沢保健所
1998(平成10)年6月～現在	こころの相談室リカバリー

[臨床活動]

機関	名称	期間
小児病院	東京小児療育病院	1年5か月
精神科病院	東京都立松沢病院	7年7か月
精神保健福祉センター	埼玉県立精神医療センター	4年
	埼玉県精神衛生センター	4年
	埼玉県立精神保健福祉センター	2年
児童相談所	埼玉県川越児童相談所	4年
	埼玉県越谷児童相談所	4年
保健所	東京都荒川保健所	1年
	埼玉県所沢保健所	1年
相談室	こころの相談室リカバリー*	24年

合計：29年＋24年＝53年（2022.6現在）

＊1998年6月から2018年5月まで埼玉県さいたま市南区白幡5-4-9-101で開いていた「こころの相談室リカバリー」は，2018年6月下旬に移転
〒336-0021　埼玉県さいたま市南区別所3-16-3　TEL 048-865-0915

[編・著書（共編・共著を含む）]

発行年	書名	版元
1986(昭和61)年9月	『精神医学ソーシャルワーク』	岩崎学術出版社
1991(平成3)年1月	『実践・問題行動教育大系14―青春期の薬物乱用』	開隆堂出版

発行年	書名	版元
1991（平成3）年1月	『なぜ，わたしたちはダルクにいるのか—ある民間薬物依存リハビリテーション・センターの記録』	東京ダルク
1994（平成6）年2月	『My Story』	自費出版
1994（平成6）年3月	『薬物乱用・依存の相談と治療』	厚生科学研究
1994（平成6）年5月	『絶望から希望へ』	薬物問題を考える会
1997（平成9）年3月	『援助者のためのアルコール・薬物依存症Q&A』	中央法規出版
1997（平成9）年3月	『保健・福祉・医療ハンドブック』	埼玉県生活福祉部
1998（平成10）年2月	『依存症（アディクション）—35人の物語』	中央法規出版
1998（平成10）年7月	『中高生の薬物汚染—知るべきこととできること』	農山漁村文化協会
1999（平成11）年12月	『アルコーリズム—社会的人間の病気』（なだいなだ著）	朝日新聞社
2000（平成12）年3月	『共依存—自己喪失の病』	中央法規出版
2001（平成13）年3月	『ドラッグ・アディクション—回復へのガイドブック』	東京ダルク支援センター
2001（平成13）年12月	『性依存—その理解と回復』	中央法規出版
2002（平成14）年3月	『薬物相談機関等の現状と対応』	埼玉県薬物乱用者アフターケア対策調整会議
2002（平成14）年10月	『新精神医学ソーシャルワーク』	岩崎学術出版社
2003（平成15）年1月	『子どもをとりまく問題と教育12—青春期の薬物乱用』	開隆堂出版
2003（平成15）年6月	『よくわかる知的障害のある人たちの人権—Q&A』	日本知的障害者福祉協会
2009（平成21）年9月	『援助職援助論—援助職が〈私〉を語るということ』	明石書店
2011（平成23）年9月	『アディクション看護学』	メヂカルフレンド社
2012（平成24）年3月	『再生への道』	自費出版
2013（平成25）年2月	『アルコール依存症は治らない—《治らない》の意味』	中央法規出版
2015（平成27）年10月	『ダルクとの出会い』	日本ダルク本部
2018（平成30）年5月	『窃盗症 クレプトマニア—その理解と支援』	中央法規出版
2018（平成30）年6月	『依存症の基礎知識』	自費出版

発行年	書名	版元
2019（令和元）年3月	『実践アディクションアプローチ』	金剛出版
2019（令和元）年12月	『ギャンブル依存症―当事者から学ぶその真実』	中央法規出版

［その他］

発行年	論文名	掲載誌
1974（昭和49）年9月	「リハビリテーション活動」を通して見た松沢病院	『精神医療』Vol. 4, No. 1
1976（昭和51）年4月	Nさんをめぐる「つきあい論」	『精神医療』Vol. 5, No. 1
1977（昭和52）年3月	「専門性」をどうとらえるか	『精神医学ソーシャルワーク』第11巻第17号（通巻第17号）
1979（昭和54）年6月	E君とのかかわりをめぐって	『上智大学臨床心理研究』第3巻
1980（昭和55）年3月	ソーシャルワーカーの立場性と専門性を考える	『精神医学ソーシャルワーク』第13巻第19号（通巻第19号）
1982（昭和57）年10月	セルフヘルプ・グループ	『季刊パテーマ』4号, ゆみる出版
1987（昭和62）年2月	PSWの資格認定について	『精神障害と社会復帰』Vol. 6, No. 3, やどかり出版
1988（昭和63）年5月	心の窓をのぞいたら①	BOX-916 AA-JSO
1988（昭和63）年7月	心の窓をのぞいたら②	BOX-916 AA-JSO
1988（昭和63）年11月	心の窓をのぞいたら③	BOX-916 AA-JSO
1989（平成元）年3月	心の窓をのぞいたら④	BOX-916 AA-JSO
1989（平成元）年6月	心の窓をのぞいたら⑤	BOX-916 AA-JSO
1989（平成元）年6月	Western States Unity Convention Vに参加して	『精神医学ソーシャルワーク』第19巻第25号（通巻第25号）
1989（平成元）年7月	薬物依存者が回復するために	『月刊生徒指導』7月号
1989（平成元）年7月	「否認」という名の始発駅	『臨床心理学研究』Vol. 27, No. 1
1989（平成元）年8月	心の窓をのぞいたら⑥	BOX-916 AA-JSO
1989（平成元）年12月	心の窓をのぞいたら⑦	BOX-916 AA-JSO
1990（平成2）年2月	心の窓をのぞいたら⑧	BOX-916 AA-JSO
1990（平成2）年5月	心の窓をのぞいたら⑨	BOX-916 AA-JSO
1991（平成3）年7月	心の窓をのぞいたら⑩	BOX-916 AA-JSO
1991（平成3）年8月	あどばいす	『月刊・波』日本てんかん協会
1991（平成3）年10月	心の窓をのぞいたら⑪	BOX-916 AA-JSO

発行年	論文名	掲載誌
1992(平成4)年1月	女性依存症者の物語	『精神医学ソーシャルワーク』第29号(通巻第29号)
1993(平成5)年9月	第一のものは「私の回復」	『アルコールシンドローム』No. 32, ASK
1993(平成5)年12月	ACのACとして	『アルコールシンドローム増刊号』No. 2, ASK
1994(平成6)年9月	セルフヘルプ・グループとの協同	『精神医学ソーシャルワーク』第33巻(通巻第33号)
1995(平成7)年7月	無題	JIGSAW PUZZLE, No. 1, SA-Japan
1996(平成8)年9月	薬物依存と私	『薬物依存症フォーラム記念集』茨城県
1997(平成9)年8月	心の窓をのぞいたら⑫	BOX-916 AA-JSO
1997(平成9)年9月	人類みなAC？	『季刊Be! 48号』ASK
1997(平成9)年10月	嫌いな人のために祈る	SELFESTEEM, No. 2, AG
1998(平成10)年3月	プロフェショナルってなんだろう？	『季刊Be! 50号』ASK
1999(平成11)年1月	贈物	SELFESTEEM, No. 5, AG
1999(平成11)年1月	依存症	『学術普及誌「健康と環境」』第14号
1999(平成11)年7月	怒りとセックス	SELFESTEEM, No. 6, AG
1999(平成11)年10月	仲間に助けられて―ナラノン10年の歩み	ナラノンGSO
2000(平成12)年7月	旅の途中ですが	JIGSAW PUZZLE, No. 11, SA-JAPAN
2000(平成12)年10月	共依存	『精神科看護』Vol. 27, No. 11(通巻第98号)
2000(平成12)年11月	休養宣言	SELFESTEEM, No. 8, AG
2001(平成13)年9月	回復過程におけるセルフヘルプ・グループの有効性	『最新精神医学』Vol. 6, No. 5
2001(平成13)年12月	恨みが感謝に変わる？	GEACE, No.2, CoDA-JAPAN
2002(平成14)年3月	子どもと育てよう「私のセルフエスティーム」	『児童福祉研究』第36号, 埼玉県児童福祉研究会
2002(平成14)年7月	社会資源としてのアルコホーリクス・アノニマス	『保健の科学』第44巻7月号
2002(平成14)年11月	SAVE YOU SAVE ME	『10周年記念誌』SA-JAPAN
2003(平成15)年6月	THY WILL BE DONE	GEACE, No. 6

付

録

発行年	論文名	掲載誌
2003(平成15)年8月	セルフケアのすすめ①	『季刊児童養護』Vol. 34, No. 1
2003(平成15)年10月	セルフケアのすすめ②	『季刊児童養護』Vol. 34, No. 2
2003(平成15)年11月	当事者が集まるということ	『オフィスサーブ』
2004(平成16)年1月	性依存症—回復への道	『現代のエスプリ』No. 438「性の相談」
2004(平成16)年5月	ギャンブル依存症を考える—90:4:0	『ワンデーポート』
2004(平成16)年5月	DOCK—8人の物語	『ワンデーポート』
2004(平成16)年12月	セルフヘルプの力とは何か？	『季刊Be！増刊号 No. 13』ASK
2004(平成16)年12月	援助しないという援助	埼玉県医療社会事業協会西部ブロック
2005(平成17)年3月	提案は強要の後で	『ワンデーポート通信』第55号
2005(平成17)年5月	性的問題行動を理解するために	『更生保護』法務省保護局編
2007(平成19)年1月	気づきがあれば回復できる	NPO法人里親支援のアン基金プロジェクト
2007(平成19)年6月	第4回ギャマノンの集い講演記録	ギャマノン日本
2009(平成21)年10月	リカバリー(回復)—「依存症」を越えて	『総合リハビリテーション』Vol. 37, No. 10
2009(平成21)年10月	依存症からの回復	『福音宣教』オリエンス宗教研究所
2009(平成21)年11月	ステップセミナー講演記録	ギャマノン九段下グループ
2010(平成22)年1月	対人援助職と共依存症	『月刊福祉』第93巻第3号
2010(平成22)年5月	相談機関での取り組み：薬物乱用への対応5	『現代のエスプリ』No. 514「若者と薬物乱用」
2010(平成22)年10月		『10周年記念誌』CoDA-JAPAN
2015(平成27)年4月	SAVE YOU SAVE ME	『20周年記念誌』SA-JAPAN
2015(平成27)年10月	ダルクとの出会い	日本ダルク本部
2016(平成28)年10月	性依存症からの回復	『Brain and Nerve』第68巻第10号
2018(平成30)年7月	再生への道	BOX-916 AA-JSO
2019(令和元)年7月	相乗効果	BOX-916 AA-JSO
2019(令和元)年11月	キーワードは《必要》	BOX-916 AA-JSO

付録

発行年	論文名	掲載誌
2020（令和2）年2月	アル中になって良かった？	BOX-916 AA-JSO
2020（令和2）年4月	気づきが生まれる時	BOX-916 AA-JSO
2020（令和2）年6月	ラウンドアップは回復の道しるべ	BOX-916 AA-JSO
2020（令和2）年9月	見えない力	BOX-916 AA-JSO
2021（令和3）年2月	深脳部のテーマ（前編）	BOX-916 AA-JSO
2021（令和3）年3月	深層部のテーマ（後編）	BOX-916 AA-JSO

［学会発表］

年月	論文名	学会名
1977（昭和52）年4月	松沢病院の社会復帰活動—医療相談室の活動を通して	第59回東京都衛生局学会
1993（平成5）年3月	秩父地域における飲酒習慣調査	第19回埼玉県公衆衛生研究発表会
1993（平成5）年5月	実習指導マニュアル作成の試み—課題達成，実習展開モデルの検討を中心に	日本社会福祉学会第41回大会
1994（平成6）年3月	関係者のセルフヘルプ活動について—12ステップと12の伝統を使ったミーティングから	第20回埼玉県公衆衛生研究発表会
1995（平成7）年3月	アルコール・薬物治療病棟におけるセルフエスティームの意味	第21回埼玉県公衆衛生研究発表会
1996（平成8）年3月	CD治療病棟におけるソーシャル・ワーカーの役割①「家族との関わりの中で考えたこと」	第22回埼玉県公衆衛生研究発表会
1996（平成8）年3月	CD治療病棟におけるソーシャル・ワーカーの役割②「依存症者との関わりの中で考えたこと」	第22回埼玉県公衆衛生研究発表会
1996（平成8）年3月	CD治療病棟におけるソーシャル・ワーカーの役割③「関係者との関わりの中で考えたこと」	第22回埼玉県公衆衛生研究発表会
1996（平成8）年3月	アルコール依存症の回復過程における外来アルコール・ミーティングの位置	第22回埼玉県公衆衛生研究発表会
1997（平成9）年3月	CD治療病棟における家庭訪問の意味	第23回埼玉県公衆衛生研究発表会

年月	論文名	学会名
2001（平成13）年6月	援助者のためのセルフ・ケア	第23回日本アルコール関連問題学会
2014（平成26）年10月	看護教育におけるアディクション・アプローチ	第36回日本アルコール関連問題学会
2019（令和元）年6月	共依存症からの回復（教育講演）	第18回日本アディクション看護学会学術集会

［メディア関係］

年月	媒体	テーマ
1999（平成11）年4月3日	TVKテレビ：アクセスNOW	『薬物対策へのアプローチ』
2001（平成13）年6月14日	NHK教育テレビ：にんげんゆうゆう	『依存症の時代』
2005（平成17）年8月	法務省矯正局：録音CD第475回	『生きる知恵・生きる知識』
2006（平成18）年10月13日	NHK広島放送局	『子どもを守る』
2011（平成23）年5月	講演CD	『ぼくが惹かれた女性たち』
2011（平成23）年11月	講演CD	『家族にも回復が必要な理由』
2012（平成24）年5月30日	日本テレビ：ザ・世界仰天ニュース	『愛し過ぎスペシャル』
2012（平成24）年8月	講演CD	『私は何者なのだろう？』
2012（平成24）年12月	講演CD	『依存症の基礎知識』

付
録

おわりに

そしてまた，あの川へ……

　こうして自分の人生を振り返ると，あらためてそれは「命拾い」の人生だったことが分かる。「命拾い」をしたということは，人生の折々でぼくを助けてくれた人がいたということだ。そしてその先にはぼくのやるべきことが待っていたのだろう。しだいにぼくも誰かを助けたいという気持ちになっていったのかもしれない。しかし「助ける」という行為は相互のものであり，一方的なものではないことも分かってきた。40代の初めにぼくはAAと出会い，「対等・平等・公平」な世界があることを知った。

　相互援助グループの活動は，まさに「助け・助けられる関係」だ。それはぼくにとって「援助の基本」とも言える。巻末にぼくの小史も載せたが，それらはぼくが歩いてきた軌跡である。その道すがら考えたことを講義や講演で話したり，書物に著してきたりしたが，今回はそこに新たなものを書き加えた。50歳のころ同業者に頭を下げてぼく自身がカウンセリングを受けることになったときは，ひどく屈辱的な気持ちになったが，それはぼくの間違ったプライドだった。

　自分では気づけていなかったが，長い間ぼくは「助けてください」と言えなかった。ぼくが権威や権力に過敏な反応をするようになったのは，第二次反抗期のころからだった。権威や権力に父親を重ねていることが分かっていても，相変わらずそれに反応してしまう自分がいた。薄っぺらな正義感に突っ走るぼくは，父親から「直情径行」だと言われたし，スーパーバイザーからは「清濁併せ呑め」とも言われたが，どうすればよいのか分からなかった。今にして思えば，嫌いな人は「ハイヤーパワーの化身」か，「反面教師」と考えればよかったのだ。

　しかし依存症の相談に取り組み始めてから，アルコール依存症者にはアルコールが《必要》なように，権威者や権力者にはそれが《必要》なのだと理解できるようになった。こうして父親の呪縛がやっと解けたのだ。《必

要》がキーワードだった。依存症が続く条件は3つある。①依存対象があること，②イネーブラー（尻拭い役）がいること，③本人にやめたい願望がないこと（意志ではない），である。この3つを確認することが依存症相談のポイントになる。

では，ぼくに性が《必要》だったのはなぜだろう。ひとつは酒が飲めない体質だし，ギャンブルにも熱くなれないが，性には強い関心があったからだ。もうひとつは，「性」が最高の「自己治療薬」になったからだ。家の外ではイジメが繰り返され，家の中では父親から言葉の暴力を浴びる日々だった。「強者の論理は理不尽だ」と思いながらも，ぼくは自分を守るすべを知らなかった。アノニマス・ネームを「ロッキー」にしたのは，強者の論理に屈したくないからだった。

「古いものを捨てないと新しいものは入ってこない」「自分が傷つくことには敏感だが，人を傷つけることには鈍感」「人間には間違える権利もあるし，助けを求める権利もある」「必要なものは与えられる」

どれもミーティング仲間から教えてもらった言葉だ。それまでぼくは「親の夢」をかなえる請負人にさせられていた。しかし「ゲシュタルトの祈り」は，ぼくが自分の人生を生きていいのだと背中を押してくれた。

やがてぼくは自分が生を受けた意味を考え始めた。60歳近くになって，それはぼくと同じ問題で苦しんでいる仲間にメッセージを運ぶことだと分かった。性犯罪者は性の問題で社会生活が破綻したのだから，ぼくと同じ性依存症者だ。その彼らにメッセージを運ぶ機会が与えられた。それが川越少年刑務所で，そこの職員をされている中村修先生との不思議な出会いから生まれたものだった。まさにアメージング・グレイスである。

AAの創始者の一人であるビル・Wは，入院中のアルコール依存症者に会ったとき「ぼくを助けてください」と言っている。それはぼくにとって謙虚なメッセンジャーのお手本だ。ぼくは長く生きたいとは思わないが，深く生きたいとは思っている。なぜなら人生最大の不幸は，自分が何者かも分からずに一生を終えてしまうことだからだ。子どものころからぼくの心に「対等・平等・公平」の精神が芽生えたのは，それとは真逆の世界に生まれ育ったためだった。

医療の場合は医者と患者が協働して病気に立ち向かうものだし，教育の場合は相互に学び合うことがなければ一方通行になってしまう。福祉の場合もそれと同じで相互援助グループの活動は，まさに「助け・助けられる関係」を象徴している。ぼくは「対等・平等・公平」を基軸にしてここまで書き進めてきたが，それは，嘉納治五郎師範の精神「精力善用・自他共栄」に繋がる。大学闘争はその対局にあったものへの怒りだった。

　ぼくは臨床から学んだことを，次の臨床に活かすことだけを考えてきたが，経験主義者ではないし，エビデンス主義者でもない。科学では証明できない真実もたくさんあるからだ。なだいなだ先生は84歳になる2日前に亡くなられたが，生涯現役だった。ぼくは76歳になった今も，資格を持たない「丸腰のソーシャルワーカー」を続けている。ぼくは人と群れることが嫌いな性格なので，組織内では敬遠されていたと思う。だが大勢のクライエントがぼくを支持してくれていた。

　ぼくが誰かを助けようとするのは，ぼく自身を誰かに助けてほしいと思っていたからだったのだ。『援助の原点』はそこにあった。だが相手の自己解決力を信じて待つことができなければ，また「よけいな手だし・口だし」をすることになってしまう。そうした過ちを繰り返さないためには，人生の棚卸しだけでなく，一部分を切り取ったスポットチェックの棚卸しや，日々の棚卸しも大切だ。もしかしたら「究極の援助」は，援助しないことなのだろうか。

　「事例」に登場した方は，「なぜ私の物語を載せたのか」と思ったかもしれない。ひと言で言えば，あなたもぼくの先生だったからだ。「事実」を脚色すれば物語を多少は変えることができる。しかしそれでは「真実」から離れてしまう。だからぼくも可能な限り「真実」に近い自分の物語をここに書いた。その理由は隠れ蓑を着た治療者像にずっと違和感があったからだ。現場に出たら「自分」を正直に語れる援助職になろうとぼくは心がけた。

　川の流れが自然の営みに沿ってその表情を変えるように，ぼくの物語もこれで完結するわけではなく，また少しずつ変わってゆくことだろう。それがぼくの成長や回復の証しになってくれたら嬉しいと思う。援助職とい

う仕事がぼくに与えられたのは，それがぼくに《必要》だったからだ。依存症という病気も，この人生も。そして本書が医療・保健・教育・福祉などさまざまな分野へのメッセージにもなってくれたら望外の喜びだ。

　これは蛇足だが，文中で迷いながら使った用語がある。「医者」という言葉よりも，「医師」という言葉のほうが正しいのだろうし，「看護婦 (士)」という言葉よりも「看護師」という言葉のほうが正式な名称だということは分かる。しかし，どうもしっくりこないのだ。「医者・看護者・患者」なら自然だが，「医師・看護師・患者」では，「先生」が多すぎはしないか。「患者」を「患師」と呼ばずとも，最高の「先生」は「患者」であることに変わりはない。

　本書の制作にあたっては，貴重な助言をたくさんくださったヘルレーカの大野祐子さんと，中央法規出版の澤誠二さん，小宮章さん，大橋玉味さんに感謝したい。「空想」か「妄想」か分からないぼくの話に，この4人の方々が耳を傾けてくださらなかったら，この本が完成することはなかっただろう。お礼の言葉が尽くし切れないのは，イラスト (FAMILY ADDICTIONS AWARENESS CHART) の転載をいつも快諾してくださるキャサリン・デーゲンハルトさんだ。

　今回も斎藤みわこさんが素敵な装幀をしてくださった。ぼくの木版画を見事な挿画に変貌させてしてしまう「魔術」には驚嘆した。本来キャプションは写真などの説明をするものだが，ここでは『鱒』の詩を織り混ぜながら書いてみた。どこか人生の教訓めいたものを感じたからだ。末尾になってしまったが，多忙な臨床活動の中から「推薦文」を書く時間を割いてくださった神奈川県立精神医療センター副院長の小林桜児先生にも深く感謝したい。

　2022年晩夏

　　　　　　　　　　　　　　　　　こころの相談室リカバリー
　　　　　　　　　　　　　　　　　吉岡　隆

おわりに

214

吉岡 隆（よしおか・たかし）

1946（昭和21）年浦和市生まれ。上智大学，同大学院卒業。
ソーシャルワーカー。
東京都立松沢病院，埼玉県精神衛生センター，埼玉県立川越
児童相談所，埼玉県越谷児童相談所，埼玉県立精神保健総
合センター，埼玉県所沢保健所を経て，1998（平成10）
年こころの相談室リカバリーを開設（代表）。
主著は，「援助者のためのアルコール・薬物依存症Q&A」（編
著）中央法規出版1997年，「依存症」（共編著）中央法規
出版1998年，「共依存」（共編著）中央法規出版2000年，「性
依存」（共編著）中央法規出版2001年，「援助職援助論」（編
集）明石書店2009年，「アルコール依存症は治らない」（共
著）中央法規出版2013年，「窃盗症 クレプトマニア」（共
編著）中央法規出版2018年，「ギャンブル依存症」（共編著）
中央法規出版2019年など。

援助の原点
あるソーシャルワーカーの軌跡

2022年9月25日 発行

著　者―――――吉岡隆

発行者―――――荘村明彦

発行所―――――**中央法規出版株式会社**
　　　　　　　〒110-0016　東京都台東区台東 3-29-1　中央法規ビル
　　　　　　　TEL　03-6387-3196
　　　　　　　https://www.chuohoki.co.jp/

印刷・製本―――図書印刷株式会社

ブックデザイン―斎藤みわこ

ISBN978-4-8058-8759-2